Las
12 promesas
del alma

Las
12 promesas
del alma

SHARON M. KOENIG

HarperCollins *Español*

Editora en Jefe: *Graciela Lelli*
Edición: *Marta Liana García*
Diseño: *Grupo Nivel Uno, Inc.*

ISBN: 978-0-71807-951-2

Impreso en Estados Unidos de América

16 17 18 19 20 DCI 10 9 8 7 6 5 4 3 2 1

A Jesús, mi faro y destino.

A mi hija Gabbie, la más grande de mis bendiciones.

A mi abuelita Amparo, la primera persona
devota que conocí; aunque hoy estás en el cielo,
tu ejemplo al final no quedó perdido.

Contenido

Agradecimientos

La escritura de un libro nace del gran deseo de comunicar vivencias. Las letras surgen de experiencias personales que ya no podemos mantener en el anonimato de nuestro propio ser interior. En algunos momentos, escribir es un viaje exhilarante, pero, en otros, se vuelve un camino contaminado de dudas. A pesar de que gran parte de su trayectoria ocurre en la soledad, sin el aporte de muchas personas es imposible que nazca un libro. Por eso, agradezco a todos.

Doy gracias a Dios, sobre todas las cosas. A mi editor, Larry Downs, de HaperCollins, y su equipo; no tengo palabras suficientes para agradecer su conocimiento, apoyo y confianza. Gracias a Graciela Lelli por su dirección y edición. A Jayleen Gorritz por convencerme de que podía escribir un libro. A Giovanna Cuccia, mi hermana italiana, por creer en mí. Gracias a ti, Martha Daza; tus pinceladas de edición bendicen, eres incondicional, una gran maestra en el caminar de mi escritura. A Juli Peradejordi por mi primera oportunidad como autora. A Daisy Curry por cuidarnos. A Juan Peña y Carlos Hernández por responder a un llamado. A Josué Rivas y a Emmanuel Cavazos por el camino recorrido. Y gracias a mi agente, Diane Stockwell, por lo que vendrá.

En especial, gracias al padre Damon Geiger, de la Iglesia grecocatólica melquita, San Judas, por sus clases, debates y homilías, por esos momentos de entendimiento profundo mostrándome la tradición bizantina. Humilde, paciente e incapaz de juzgar; sin su conocimiento no hubiera podido comprender mi propia fe. Gracias, por ser el testigo silente de mi encuentro con Jesús, sus lecciones son agua bendita en este libro. Dios lo cuide siempre.

Introducción

scribí mi primer libro, *Los ciclos del alma*, como respuesta a la búsqueda de un mensaje que no lograba encontrar; su éxito fue una sorpresa. Varios años después de publicarlo y de practicar sus lecciones, innumerables cartas testimoniales de lectores dieron fe de lo que sucede cuando realizamos algo tan sencillo como la entrega de nuestros sueños a Dios.

Durante mucho tiempo busqué el secreto de la felicidad que tanto me eludía. Erróneamente pensaba que a través de un nuevo curso de iluminación podía sanar toda una vida llena de caídas, desde el dolor del maltrato en mi niñez hasta el vacío existencial en mi edad adulta. Estudié la mayor parte de mi juventud en un colegio católico, pero desde ese tiempo me había alejado de la fe de mi cuna. En su lugar me había dejado llevar por la curiosidad y la aventura de encontrar los secretos del misticismo. Esa búsqueda me llevó a ser aprendiz de muchos maestros y seguidora de varias filosofías y diversas religiones. No hay duda de que adquirí algunos conocimientos; hasta promoví algunas de sus enseñanzas, pero al final siempre sentía que me faltaba algo más. Creía equivocadamente que la alegría era el resultado de «hacer» lo que se «siente», «retener» lo que se «tiene» y «perseguir» lo que se «quiere». Sin embargo, comencé a tener un vestigio de la respuesta verdadera al hacer todo lo contrario: entregar mis más grandes deseos a Dios a cambio de obtener algo más preciado, la paz. La estrella de mi norte no fue un nuevo y sofisticado método de espiritualidad, sino una oración muy común, una invitación a Dios por medio de la oración del

Padre Nuestro.[1] Fue a través de sus palabras que aprendí que la clave de mi paz era tan simple como entregarse a Dios para luego descansar en su voluntad, aunque todos sabemos que no es tan sencillo como aparenta ser. Mientras evolucionaba con la práctica de la entrega, poco a poco mis ojos comenzaron a abrirse, porque caminar con Dios es un proceso diario de despertar. Aprendí que para Dios lo más importante no es la perfección, sino la acción de invocarle y luego el estar dispuesto a entregarle.

Había invertido la mitad de mi vida aprendiendo de diferentes culturas junto a muchas de sus prácticas y ritos, pero la experiencia más profunda la tuve frente a mi propia casa y en el lugar menos esperado, en una iglesia bizantina.[2] Ocurrió en medio de la investigación de una de las promesas que presento en este libro, porque no solo escribo sobre ellas, las pongo a prueba, o mejor dicho, Dios me pone a prueba con ellas, pero ya les contaré sobre esa y otras vivencias más adelante.

Este nuevo libro es el resultado de una investigación más profunda, una excavación personal que reveló un gran tesoro lleno de gemas de sabiduría olvidadas. *Las 12 promesas del alma* es, como bien describe su título, un camino hacia la sanación espiritual, un compendio de las lecciones aprendidas en ese camino, muchas compartidas en cientos de correos y conversaciones con una gran variedad de buscadores de la fe, desde personas que no tenían una relación con Dios, hasta otras que ya habían logrado un encuentro con él, incluyendo a cristianos de diferentes denominaciones, que deseaban reafirmar su fe. Esas comunicaciones me mostraron que la buena intención de caminar en su voluntad no es suficiente, porque, aunque no queramos admitirlo, llegarán desafíos y ¿qué sucede cuando la voluntad de Dios y tu más querido deseo no son compatibles? Las promesas nos muestran qué hacer para mantener la paz cuando los vientos soplan demasiado fuertes y la fe comienza a tambalear.

Aquí no encontrarás complicadas lecciones esotéricas, de iluminación o alquimia, sino un resumen de historia, experiencia, lágrimas y risas que igualmente están fundamentadas en un poco de teología. Tras un largo proceso de depuración de pensamientos y creencias, se reveló lo más importante, unos puntos de referencia para saber cómo protegernos y no perder la paz cuando lleguen los retos, para mantenernos en el camino de la entrega a Dios y en un estado permanente de paz. Este libro trata, no solo de aprender a reconocer al Dios verdadero, sino de liberarnos, de sanar y tener paz al tiempo que nos mantenemos caminando a su lado.

LAS PROMESAS DEL ALMA

Continuamente estamos haciendo promesas, damos nuestra palabra como una manera de afirmar que realizaremos nuestra parte de lo establecido, lo que ayuda a que la colaboración de ambas partes se desarrolle en armonía. Conocemos la palabra *promesa* como una acción de compromiso, un tipo de contrato que usamos legalmente para asegurarle a otra persona que cumpliremos.

En el contexto de este libro, las promesas entre Dios y nosotros tienen como fin la liberación y sanación espiritual, no por medio de una obligación, sino por la reflexión y una consciencia inspirada por su propio ser. Se trata de dar nuestra palabra como un voto de fidelidad a nuestro Dios para que nos muestre el camino, al final es el único que puede sanarnos; estas promesas también son para nosotros, porque finalmente somos los únicos que podemos invitarlo.

Hacemos promesas desde que tenemos uso de razón, a nuestros padres, a nuestra pareja, a nuestros amigos, a nuestros maestros, a nuestro país, y muchas de ellas tienen su razón de ser en la medida en que nos mantienen con los pies firmes en una estructura; pero existen muchas otras promesas que no son tan obvias ni tan correctas, como cuando interiormente prometemos alejarnos de nuestra verdad y propósito, para mantener la aprobación de los demás. Muchas de esas promesas se convierten en nuestro motor interno que, sin saberlo, nos mueve a ser como somos y a buscar cómo satisfacerlas, a menudo a costa de perder nuestra paz y alegría.

Existen unas promesas que tienen la cualidad de llevarnos hacia una paz y una dicha perdurables; estas son las promesas del alma, la respuesta a mis numerosos años de búsqueda espiritual. Cuando hablo del alma me refiero a esa parte de nosotros que va más allá de los sentidos. Si recordamos mantener estas promesas, o al menos regresar luego de romperlas, comenzaremos el camino de regreso a Dios.

Si miramos desde la perspectiva de la eternidad, cuando la vida es solo un paréntesis en lo infinito, es muy interesante recalcar que la palabra *promesa* en su estado original realmente significa algo como «lo que se dice antes de irse». A fin de cuentas, una promesa es una palabra que se expresa, pero de nada vale si no se convierte en acción.

ROMPIENDO VIEJAS PROMESAS

Antes de hacer nuevas promesas necesitamos poder reconocer las antiguas. Para ser en verdad libres, necesitamos la valentía de romper las cadenas de los viejos tratos que silenciosamente nos mantienen atados a formas de ser que no queremos. Pensamos que somos libres para elegir, sin darnos cuenta de que muchas de nuestras elecciones están condicionadas a promesas nulas. No ayuda que esos pactos de hoy redactados en el ayer estén olvidados en lo profundo de nuestra memoria, porque la mayoría viven latentes, afectando lo que hacemos desde nuestro interior. Es necesario identificar esa parte de nosotros que está definida por las promesas que necesitamos cumplir a costa de todos nuestros principios. Promesas que calladamente evitan que podamos crecer y ser nosotros mismos, porque esos tratos olvidados no son parte de nuestro verdadero ser.

Por ejemplo, algunos tal vez hicieron un pacto con la voz de sus padres, que quizás con la mejor intención escogieron una carrera que sus hijos aceptaron sin ser su preferida, lo que provocó una larga vida de insatisfacción laboral en la profesión equivocada.

Otros tal vez hicieron un acuerdo de brillar más que el hermano favorito de sus padres, buscando siempre llamar la atención, negativa o positivamente. Existen otros que hicieron un pacto de abandono con toda aquella figura que les recordara a uno de sus padres, porque quizás uno de ellos, su mamá o su papá, los abandonó de pequeños. Algunos hicieron pactos con el alcohol, porque la bebida era parte natural de su casa, y siguieron aceptando, por ejemplo, una nueva pareja con los mismos hábitos; porque como dice el adagio, los niños no aprenden de lo que se les dice, sino de lo que ven. Otros han hecho largos pactos de soledad, tanto por miedo, como por un engaño o falta de perdón.

Sin saberlo, muchos intentamos salvar la relación imperfecta que tuvimos con nuestros padres, recreando precisamente sus situaciones tristes del pasado a través de nuestras relaciones con los adultos del presente. Tratando de rescatar al que tomó demasiado, al enfermo, al ausente, al que nos abandonó, al que abusó o al que calló; pero no tiene que ser así, hoy podemos despertar con la misma energía y fuerza, hacer y rehacer nuevos pactos elegidos para el bien. Muchos tenemos buenos pactos heredados de nuestra familia por generaciones, de trabajo, labor comunitaria y talentos, pero otros necesitan ser modificados y cancelados. Identificar estos contratos requiere disciplina y conciencia, y más que todo, requiere hacer un nuevo pacto con algo mayor que nosotros: Dios, para que sea él quien nos muestre nuestro ser verdadero. Reconocernos es el comienzo de nuevos pactos, los cuales pasaremos a nuestras próximas generaciones.

Para saber quiénes somos, primero necesitamos poder reconocer a quien nos envió, porque muy poco podemos alcanzar sin su ayuda. Para lograrlo necesitamos ir más allá de la lectura, necesitamos llevar lo aprendido a la práctica por medio de la acción. Tal como sucede al comienzo de una nueva encomienda, sea una nueva relación o una empresa, necesitamos un compromiso, una guía que nos ayude a seguir la razón, en vez de sucumbir a la emoción. Estas son algunas promesas para no olvidar nuestra meta cuando el

camino se vuelva difícil, cuando las cuestas sean demasiado empina-
das o las tentaciones demasiado atractivas, y nos inviten a olvidar-
nos de todo, tanto de Dios como de nosotros mismos.

Le había pedido tanto, ¿pero qué le había ofrecido a cambio?
Estas promesas son las respuestas, un camino para la sanación espiritual, al lado del único que puede curar nuestras heridas.

Las promesas cubren varias áreas importantes. Desde el comienzo de la historia de la humanidad, varían entre cómo recobrar la
salud, hasta el reconocimiento de nuestras emociones; desde la
mente, hasta las tentaciones; desde el perdón, hasta la integridad;
desde los miedos, hasta el amor y cómo alimentar el espíritu; y lo
más importante, desde la muerte, hasta la eternidad.

Las 12 promesas del alma son un camino para todo aquel que
busca sanar algo que no puede identificar; ese algo que falta puede
estar acompañado por una experiencia triste del pasado que nos
haya marcado: la pérdida de un ser querido, un abandono, un
hogar quebrantado, una condición de salud o un amor que no se ha
olvidado. Mi intención es que estas lecciones, tal como lo han
hecho conmigo, te lleven a una profunda transformación por
medio de un encuentro de sanación espiritual con el verdadero
Dios. Al final, si lo permites, él mismo lo hará por ti.

¿CÓMO LEER ESTE LIBRO?

Como dice su subtítulo, este libro es una guía para la sanación del
alma y más que todo es un compartir de mi propio camino. Encuentro que las sanaciones y el crecimiento no siempre ocurren en un
día. Toman tiempo y, aunque a veces la gracia de Dios puede rega-
larnos un milagro instantáneo, te recomiendo leer sus páginas con
tiempo como un suculento elixir. Hazlo en orden, si tu curiosidad
te lo permite, aunque muy bien sé que existen lecciones que no
pueden esperar. Mientras lees, toma un segundo, respira y repite
las oraciones cortas que encontrarás entrelazadas en los capítulos.
Es una buena práctica escribir tus reflexiones y preguntas en una

libreta. En estas páginas he retomado algunas de mis antiguas lecciones y les he añadido un significado más profundo, respondiendo en sus líneas muchas de las preguntas que por años he recibido de mis queridos lectores. Igualmente la mayoría vienen de un punto de referencia totalmente distinto, porque tuve un gran despertar que cambió mi corazón en gran medida. Incluyo algunas frases de autores favoritos, también verás algunos versículos de la Biblia que comparto para fundamentar algunas lecciones; las sugiero a fin de utilizarlas como alas para volar con ellas, porque he descubierto que meditar en sus palabras tiene el poder de conectarte con Quien las inspiró. Al final, encontrarás algunas herramientas para mantener las promesas. No es mi intención aclarar toda duda, sino lograr que estas lecciones, unidas a experiencias y consejos prácticos de la vida real, te ayuden a acercarte más a Dios. Al final, lo más importante es señalar el camino hacia aquel que Jesús llamaba Padre, quien contestará tus inquietudes, y permitir que sea él quien con su amor logre saciar tu sed de dicha y paz.

UN ETERNO VIAJERO

En el pasado yo era como el eterno viajero que no tiene compromiso de llegar a ninguna parte, cuando no se tiene un lugar, ni la urgencia de una hora de llegada, ni quién nos espere; el turista espiritual solo se deleita en saciar su curiosidad con el paisaje del aprendizaje o con múltiples experiencias místicas y emocionantes, pero igualmente pasajeras. Puede ser desviado por cualquier distracción o capricho, pues no tiene destino ni morada donde resguardarse. Su norte es solo lo que se siente bien o se desea.

Fui como ese peregrino, pero ya estaba cansada de vagar, necesitaba mucho más que un hospedaje para pasar la noche oscura del alma, necesitaba un hogar, un lugar de llegada y unos brazos que me recibieran, no solo en esta vida, sino en la eterna.

Cuando la meta es Dios, todo cambia porque aunque el horizonte no esté claro, sabes para dónde vas, sabes quién va a tu lado y quién te espera; aunque tus pasos sean lentos o se arrastren, tienes la certeza de que la meta está allí contigo, en tu corazón. Si bien esa compañía no puede verse, como la brisa, puede percibirse, está allí siempre, esperándote y acompañándote. Él ya está con nosotros, somos nosotros los que seguimos buscando en lugares equivocados.

Muchos hablan de «buscar en tu interior», pero descubrí que, si no estamos conectados conscientemente a Dios, allí solo habrá un vacío. Esta llama no es autosuficiente ni autorrealizable, no puede autoayudarse; somos totalmente dependientes de algo mayor, y precisamente ese era mi error, pensaba que podía hacerlo sola.

Llega un momento en la vida cuando nos damos cuenta de que vivir por las buenas intenciones y la voluntad propia, sin la ayuda de Dios, no es un modo de vida sostenible, al menos no por mucho tiempo. Muchos te dicen que el secreto es el desprendimiento, soltar, pero la pregunta es: ¿soltar? ¿Entregar a quién? ¿Cómo se hace? ¿Cómo se mantiene?

C. S. Lewis afirmó: «Si encuentro en mí mismo un deseo que nada de este mundo puede satisfacer, la explicación más probable es que fui hecho para otro mundo».[3]

Vivir la muerte en vida es vivir tratando en vano de obtener nuestro sentido de la vida y el valor propio por medio de lo perecedero. Renacer, en cambio, es permitir que el Espíritu de Dios, que es lo mismo que su soplo de vida, se manifieste y nos reviva diariamente y en cada momento. Nacemos y revivimos en él cada vez que lo permitimos por medio de una invitación sincera y voluntaria para recibir su regalo de luz, que es cuando nuestro farol se enciende por su gracia, ilumina nuestro camino y alumbra el de los demás.

Las cosas que podemos obtener de este mundo pueden hacer que el camino parezca más liviano, pero al final no pueden sanarnos, solo el Espíritu puede sanar el espíritu.

Muchas personas se han alejado de Dios por miedo o por haber sufrido pérdidas que atribuyen a su castigo. Otros se han alejado porque sienten que no son dignos, que ese Dios y todos sus seguidores igualmente los juzgan, pero este mundo no es perfecto y les pregunto: si en su familia nace un niño con discapacidad, ¿cuánto lo ama su mamá?, ¿cuánto lo ama Dios? Dios nos ama a todos. Nadie quiere nacer con desventajas, pero aquí en la tierra, de una u otra forma, todos tenemos un lado débil, algunos en el amor, otros en la salud, en las finanzas, en el físico, en la mente o en la personalidad, pero Dios nos acepta, nos valora, nos perdona y nos espera. Si nuestro Creador es perfecto, ayudaría recordar por qué nuestro mundo ya no lo es. Esta y otras preguntas serán dilucidadas, aunque les adelanto que, a veces, la paz se encuentra más en la aceptación del misterio de la pregunta, que en la certeza de sus respuestas. Este libro cambió mi vida para siempre; las preguntas del alma pueden convertirse en un llamado sincero. La clave no estuvo en encontrar la respuesta, sino en cambiar la pregunta. Ya me había cuestionado: ¿quién soy? Ahora me faltaba: ¿de quién soy? ¿Qué es lo que él quiere para mí? Más que un camino diferente, lo que me faltaba era la humildad de hacer una pausa antes de seguir el peregrinaje y preguntar: ¿quién me creó? ¿Para dónde voy en la otra vida? ¿Hacia quién?

Aquí les presento las promesas que me llevaron a un dulce e inesperado regreso a casa.

Mis promesas para ti, Señor.

CAPÍTULO

Prometo *reconocer* mi verdadero ser

«Dios os ha dado una cara, y vosotras las convertís en otra».[1]

—WILLIAM SHAKESPEARE

La búsqueda más intensa, y al mismo tiempo la causa de la mayoría de los temores y las adicciones que tratan de apagarla, es el resultado de lo que llamo «el miedo fundamental del ser humano», una angustia existencial que nace de la falta de certeza de quiénes somos y de no tener un sentido verdadero de la vida, lo que junto a la incertidumbre de no saber hacia dónde vamos y lo que sucederá después de la muerte, inconscientemente nos lleva a vivir con una ansiedad silenciosa, pero latente, que produce un vacío y una gran insatisfacción, sin importar lo alcanzado. Esa ansiedad es mejor conocida como miedo.

La ansiedad grupal nace de la falsa seguridad de estar a la merced de un mundo perecedero. En mi búsqueda por tantas vertientes, hallé que existen muchas filosofías con diversas historias sobre el comienzo de la vida y que igualmente existen muchas historias sobre su final. También pude ver que no todas estas historias me daban paz, porque muchas no tenían un dios ni un destino que me llenara, y lo que creemos sobre la muerte marca profundamente cómo vivimos en el presente. Si no tener un lugar donde pasar la noche es motivo de ansiedad para cualquiera, ahora imagina ¿cuánta más incertidumbre sentiremos por no saber dónde pasaremos la eternidad?

No es lo mismo pensar en una posibilidad abstracta y lejana de iluminación, o la de un lugar terrible, que saber que en cualquier momento, si lo eliges, puedes estar junto a Dios, en el mismo cielo. Una corrección de pensamientos y creencias sobre Dios, el origen y el fin de nuestra vida, cambió drásticamente mi presente y me llenó de paz.

MI HISTORIA

Fui una adolecente espiritual la mayor parte de mi vida, una nómada del alma. En mi pasado experimenté con una gran variedad de religiones y movimientos esotéricos y psicológicos. ¡Qué no he vivido en la búsqueda de mí misma! Pero debajo de toda esa masa de confusión filosófica y existencial, había una constante que nunca me dejó y que al final fue salvación. Era el mismo Dios personal olvidado, el que me habían mostrado en mi niñez, pero que por mucho tiempo rechacé por descripciones y explicaciones que creí más lógicas e intelectuales.

Unas palabras lo cambiaron todo; no es lo mismo aprender sobre Dios que conocerle. Tres palabras cambiaron en un segundo lo que años de meditaciones, búsqueda y experimentación no pudieron lograr. Tal como el Cantar de los Cantares; esas palabras fueron: «Muéstrame tu rostro».[2]

¿QUÉ ES SER HUMANO?

Para reconocer nuestro verdadero ser, primero necesitamos comprender de dónde venimos. «Humano» significa ser nativo y hecho de la tierra (*humus*). Dice la tradición que somos la máxima creación de Dios, aunque viendo el pobre estado del planeta y todo lo que la inconsciencia humana destruye día a día, es difícil visualizar que los seres humanos alguna vez hayamos sido creados como la cumbre en la escala de la creación, incluso más altos que los mismos ángeles. Sin duda se nos ha olvidado nuestro origen, ya no recordamos quién nos creó, y además se nos ha extraviado la llave de nuestro destino.

Para saber quiénes somos también necesitamos conocer a quien nos creó, porque dice el mismo Génesis que Dios nos hizo a su «imagen» y «semejanza».[3] Esto quiere decir que ser humano también significa ser parecido a Dios, que somos parte de su esencia y semejantes en sus cualidades. Ser semejantes a él implica que somos capaces de mostrar su reflejo en nosotros. Según esta verdad, en nuestra naturaleza vive el potencial de obtener parte de su divinidad, posibilidad que Dios mismo ha colocado en nuestro corazón, pero que para activarla se necesita nuestro regreso.

¿QUÉ SOMOS?

Por mucho tiempo fui fiel creyente de la filosofía que aseguraba que mi alma estaba atrapada dentro de un cuerpo del que tenía que escapar. Era una lucha eterna contra mí misma; no ayudaba que esa misma creencia asegurara que todo era una ilusión. El mundo no es una ilusión, tampoco es un sueño, pero nuestras percepciones, en ocasiones, pueden ser producto de una ilusión, especialmente cuando no caminamos con el discernimiento de Dios.

El mundo material y el mundo espiritual fueron creados por Dios y ambos son buenos. Dios es el Creador del cielo y la tierra, de todo lo visible e invisible, entiéndase el cielo como todo lo invisible y espiritual y la tierra como todo lo visible y material. Dios vio que todo, tanto lo material como lo espiritual, era «bueno».[4] La creación no ocurrió en un momento, sino que es un proceso continuo del cual somos partícipes.

SI ÉRAMOS PERFECTOS, ¿QUÉ NOS SUCEDIÓ?

Solo Dios es perfecto, pero al principio de la creación estábamos más cerca de nuestro verdadero propósito, que es vivir en perpetua comunión con él. Somos parecidos a Dios porque fuimos creados a su imagen, para lograr que sus atributos y su semejanza crezcan en nosotros. El requisito es caminar de su mano, porque solo él es nuestra fuente de vida. Rechazarlo es precisamente la razón de nuestro estado actual, cuando elegimos caminar en contra de sus atributos de vida, amor, bondad y humildad, motivados por el mal sabor de la manzana prohibida del orgullo, la infidelidad, la ambición y el desamor. Ser semejante tampoco significa que somos el mismo Dios; aunque no podemos perder su imagen, todos los días perdemos la semejanza cuando nos alejamos de él. Si Dios es vida, mientras más alejados estemos de él, más imperfectos seremos y menos vida tendremos.

CUERPO, ALMA Y ESPÍRITU

Tenemos un cuerpo, un alma y un espíritu; somos tres, pero también somos una unidad. No es un error, somos similares a la Trinidad, así nos hizo Dios. Además del cuerpo que Dios hizo de la tierra, tenemos un alma, que es donde también reside la razón, la cual nos hace distintos a todos los otros seres creados en la tierra. Igualmente tenemos espíritu, el aliento que Dios sopló y que nos dio la vida.[5]

Ciertamente para que la mente y el cuerpo estén en armonía, nuestra alma primero debe estar llena del espíritu y el amor de Dios, pero, si caminamos sin él, ocurrirá todo lo contrario: nuestro cuerpo, contaminado con los deseos de la tierra, dominará la mente con sus apegos y comprometerá el alma. Dios nos creó para tener dominio sobre la tierra, para cultivarla y cuidarla,[6] pero, si nos alejamos, la materia y sus circunstancias serán las que inevitablemente tendrán dominio sobre nosotros. Es de sabios no aferrarnos al cuerpo y a cada uno de sus exigentes apetitos, porque algún día tendremos que dejar todo aquello que le da placer y seguridad, por las cosas eternas. No se trata de negar lo que sentimos, sino de dirigir el cuerpo en vez de obedecerle. Un alma y un espíritu bendecidos por Dios son el primer paso para ser verdaderamente libres.

En una ocasión escuché esta bella lección: de la misma manera que nuestro cuerpo, por estar compuesto de agua, necesita agua, nosotros, por ser parte de Dios y tener espíritu, necesitamos abastecernos de su Espíritu.[7]

Disfrutar de unas emociones, un intelecto y un cuerpo sano es el resultado de tener a Dios en nuestro corazón. La solución es llenarnos desde arriba; el problema está en que hacemos todo lo contrario, en vano tratamos de satisfacernos desde abajo.

«Pongan toda su atención en el reino de los cielos y en hacer lo que es justo ante Dios, y recibirán también todas estas cosas».[8]

EL FALSO YO. ¿CUÁL ES EL VERDADERO?

La mayoría de nosotros hemos olvidado quiénes somos y en su lugar hemos creado una identidad falsa que llamamos «yo». Este yo falso, moldeado por las opiniones de los demás, por nuestras sensaciones, la cultura, la educación terrenal y el deseo de ser aprobados, ha sustituido al verdadero ser y nos ha hecho olvidar nuestra fuente y lo que realmente somos. Gran parte de nuestras vidas nos la pasamos alimentándolo, protegiéndolo y engordándolo. Este es el yo que usualmente presentamos al mundo, mientras que el verdadero observa todo detrás de las ventanas entreabiertas de la vida.

Cuando el ser real vive escondido, no nos atrevemos a mostrarlo al mundo por miedo a recibir un gran rechazo; pensamos que si el mundo se enterara de quiénes somos realmente, estaría muy defraudado. Vivimos una especie de mascarada colectiva, y la mayor parte de nuestras vidas nos concentramos en encontrar nuevas formas para esconder nuestro ser verdadero y así asegurar la aprobación de los demás. Cambiamos nuestro atuendo como camaleones para ser aceptados, y a veces hasta recurrimos a endeudarnos para mostrar nuestro poder por medio de lo que ostentamos. El auto, la ropa, a quién conocemos, cuánto tenemos y lo que hacemos, todo se convierte en parte de nuestra carta de presentación.

Recordar quién eres es la clave de la libertad, mientras que la esclavitud nace de la ignorancia sobre ti mismo, porque aunque te creyeras libre, lo que no sabes sobre ti es precisamente lo que te encadena.

En el pasado traté con todo tipo de técnicas de control mental con el fin de vencer el sufrimiento y el apego, pero, aunque algunas ayudan, encontré que no hay sustitución para la guía de Dios. El desapego no es por voluntad propia, sino por gracia; también la paz, la fe, la esperanza y el amor llegan como consecuencia de nuestra insistencia y de una gran confianza al dejar nuestros asuntos en sus manos, porque nada da verdadera paz si no estamos dispuestos a entregar a Dios el objeto de nuestro apego. Es por esa razón que, aparte de los consejos que presento para la reflexión y observación, siempre verán una oración y una invocación a Dios; ya tendremos oportunidad de aprender algunas prácticas sencillas de oración para facilitar el pedir y escuchar la guía de Dios.

La voluntad propia sin la ayuda de Dios muy poco puede lograr para hacer un cambio real. No importa cuántas meditaciones y técnicas tratemos, si no se invita a Dios, aunque veamos mejoría, no estaremos gozando de todas las bendiciones que él quiere darnos. Se nos olvida que nadie quiere vernos más felices que él mismo, que nos creó.

Con Dios la vida es eterna, un solo segundo celestial lo pasamos en la tierra; sin embargo, insistimos en perder nuestro tiempo corriendo tras lo perecedero.

El cuerpo es un equipo muy sofisticado del que poco conocemos; a veces pareciera un traje de astronauta con el que caminamos en esta luna del destierro llamada Tierra, que marcha propulsado por cientos de botones, los cuales no entendemos. Existen ocasiones en que sin quererlo tocamos o nos tocan un botón equivocado de su gran panel de instrumentos, causando una serie de reacciones indeseables. Dentro de nosotros pareciera que hay varios que hablan, unos que escuchan y otros que reaccionan.

¿CÓMO RECONOCERNOS?

Nos reconocemos dirigiendo la mirada hacia quien nos dio su imagen; para conocernos primero necesitamos poder reconocer nuestra esencia; la ciencia del verdadero ser. Nos encontramos, al tener un encuentro con quien nos creó, al pedirle a Dios, él mismo nos guiará por medio de su propio ser unido al nuestro; escucharemos su susurro siempre y cuando lo permitamos, porque aunque está muy cerca, su comunicación a menudo se encuentra interrumpida por miles de interferencias, que son los deseos, rencores y miedos que viven en la atmósfera de este mundo, que aunque hermoso, es solo un pobre reflejo del verdadero. La solución es reconocernos, que es conocernos de nuevo al observarnos con la ayuda de Dios.

LA VOZ DEL PENSAMIENTO

Sin saberlo, nuestro horizonte está empañado o iluminado por esas voces que nos hablan como un eco que nace de nuestra conciencia. Muchas son opiniones emitidas desde nuestra programación personal. El problema surge porque la voz del pensamiento habla muy alto, pero a la vez es muy silenciosa para el resto de nuestros sentidos de censura.

«Como es tu pensamiento será tu corazón».[9]

Todos preguntamos: ¿cómo saber cuál es la voz verdadera? La respuesta es otra pregunta: ¿cómo te hablaría un padre que te ama con todo su corazón? En caso de no poder ver las respuestas, lo que es común, entonces puedes decir:

> Mi Dios, intercede en este pensamiento que no me hace sentir bien y muéstrame la verdad de esta situación, quiero verla con tus ojos.

No todos los pensamientos son ciertos, porque aunque están diseñados para guiarnos, algunos se basan en información cuestionable; otras veces, la voz acertadamente te invita a mirar más de cerca alguna causa interior que necesita tu atención. El verdadero discernimiento sucede cuando tomamos prestados los ojos de Dios para ver la verdad de cada situación.

Ante cualquier pensamiento, cualquier acción, cualquier conversación, es de sabios preguntar: mi Dios, ¿es cierto esto que me estoy diciendo? ¿Estoy enjuiciando? ¿Puedo ver esto de otra manera? ¿Puedo dejarlo ir? ¿Tiene remedio? ¿Cuál es la voluntad de Dios? ¿Qué haría Jesús con este pensamiento? ¿Me acerca este pensamiento a Dios o me aleja de su ser y de mi fe?

> Prometo reconocer mi verdadero ser, no olvidar que este pensamiento que habla en voz alta dentro de mi mente no siempre es la voz verdadera, y necesito aprender a discernirla.

Pero no dejando de pensar, sino utilizando la mente para observar y percibir, sin dejar de cuestionar, al tiempo que invitamos a Dios para llenarla de su presencia. Un pensamiento negativo y uno sobre Dios no pueden estar en el mismo espacio. Dios siempre ganará esta batalla.

Un pensamiento equivocado puede manchar tu corazón.

LA LUPA MENTAL: CAUSA DE
TODO MAL

Prometo estar alerta y preguntarme dónde está descansando mi pensamiento. No es el hecho en sí lo que define la intensidad de un pensamiento, sino son la atención, la interpretación y lo que nos decimos a nosotros mismos sobre lo ocurrido lo que causa sufrimiento. La atención es como una lupa que hace que un pensamiento se incremente, para luego atarse por medio de una cadena a una emoción creada por un significado que limita su verdadera percepción, usualmente desproporcionada con la realidad. Esta cadena nos ata al pensamiento que nos envenena por medio de la emoción. Vemos solo lo que la atención elige, por medio de lo que colocamos en el magnificador. Un ejemplo sencillo es el ruido de un aire acondicionado; puede haber dos personas en una misma habitación, pero solo a una le molesta y hasta puede encolerizarle, mientras que a la otra no le incomoda porque eligió no prestar atención.

Para tener paz se necesita pensar menos en los problemas y más en Dios y su gracia. Para poder ver sus soluciones, se necesita la valentía de confiar y permitir que tu mente esté llena de él, no de miedos y juicios.

De lo que esté llena tu mente, estará llena tu vida; mejor que sea de sus bendiciones. La desesperación y la fe no pueden convivir.

No puedes arreglar un problema con los mismos pensamientos que lo crearon, como tampoco puedes hacer una nueva hoguera con las cenizas del pasado. La mayoría de nuestras angustias llegan por la voz de la mente. El pensamiento más dañino es el que no se escucha, pero que usualmente se hace sentir por medio de un malestar indefinido.

SENTIR ES DE HUMANOS

La emoción, cuando es saludable, constituye una bendición. La raíz de esta palabra significa movimiento, y una emoción por lo regular nos invita a una acción. La claridad mental va a definir si la acción producirá una reacción automática o una respuesta consciente y responsable.

Las emociones más conocidas son la ira y el miedo, por eso muchos ven la emoción como algo negativo, pero no es así necesariamente, porque además de la tristeza, la ira y el miedo, no podemos olvidar que la sorpresa y la alegría también son emociones; por otro lado, se necesita observar que todas son variables.

MIEDO. ¿CÓMO SALIR DE DUDAS?

La duda sobre alguna elección que vayas a tomar puede ser hija del miedo, pero también puede ser amiga del discernimiento. El camino correcto trae paz, pero una inquietud que no se va debe escucharse ya que puede ser la alerta necesaria para no cometer una indiscreción; otras veces la cautela puede ayudarte a reaccionar a tiempo para evitar un mal mayor. Puedes disipar la duda alejándote emocionalmente de la situación y tomando un tiempo para orar antes de actuar.

La duda te dice que necesitas orar para que se te muestre más información y puedas confirmar si lo que habla en tu interior es realmente la voz de Dios. La conciencia iluminada por el discernimiento es esa voz del alma que te avisa cuando te has alejado de tus propios valores, que son el eco de la voluntad de Dios. El discernimiento te recuerda quién eres verdaderamente.

> Estar despierto es darte cuenta y tener la conciencia de elegir desde la luz de nuestro Dios, en vez de reaccionar desde la oscuridad de nuestros deseos y sentidos limitados.

CÓMO RECOBRAR LA CORDURA

La ira es una pequeña locura; fuera de control es muy peligrosa y puede hacerte un daño irreversible, tanto emocional como físico. Es mejor esperar a que pase la tempestad antes de actuar. Otras veces, la ira es la coraza que cubre el verdadero sentimiento que se esconde en nuestro ser y que realmente evadimos. La mayoría de nosotros evitamos por todos los medios sentir la tristeza que está escondida en nuestro interior. No es nada extraño ver cómo la ira puede calmarse con un buen llanto, cuando por medio de las lágrimas limpiamos la superficie para poder ver y atender realmente el sentimiento que la provoca.

> Cuando sienta que una emoción sube como la espuma, prometo reconocer mi verdadero ser, recordar que la emoción es un llamado de mi alma, el aviso que desenmascara alguna situación interior que está escondida a mis ojos, y es una oportunidad para verla y atenderla o para ignorarla y obviarla, dependiendo de su naturaleza.

Reconocer tu verdadero ser no es esconder lo que sientes. Se necesita aceptar que a veces se siente tristeza, pero esto no quiere decir que no caminas con Dios. Estar firme en el camino no evitará que en este mundo tengas sensaciones; si hace calor, sentirás calor. A veces aceptar es tan simple como decir la verdad y reconocer lo que sentimos. Es clave tener la capacidad y la apertura para sentir nuestras emociones y luego expresarlas de manera saludable, lo cual es la manera de comenzar a descubrir aquello que nos incomoda para luego sentirlo, entregarlo y sanarlo. La mayoría de las personas esconden sus verdaderos sentimientos porque se juzgan a sí mismos por lo que sienten, se culpan porque piensan que hay algo malo en ellos.

Otros no quieren aceptar lo que sienten por creerlo una debilidad de su personalidad. Niegan y esconden su verdadero ser para evitar una confrontación, lo que es peor, porque una emoción es como una contracorriente de aire en un fuego sin escape, cuando ya ha absorbido demasiado oxígeno, puede estallar de la peor manera, sea enfermándonos físicamente o desgastándonos mentalmente.

En vez de sentir y expresar nuestros sentimientos saludablemente, a menudo hacemos lo opuesto, buscamos todas las distracciones posibles para ignorarlos. Cuando comienza la incomodidad, en vez de detenernos, identificarla y sentirla, la evadimos: nos comemos un helado, nos vamos de compras, entramos a la Internet, vemos una telenovela y, en los casos extremos, se recurre al sexo, al alcohol y a las drogas.

> Prometo reconocer mi verdadero ser. Antes de elegir me retiraré de la situación, respiraré profundo, caminaré un poco y haré un Padre Nuestro.

No podemos elegir lo que sentimos, pero siempre podemos elegir lo que hacemos.

Es necesario discernir e identificar lo que sentimos, pero no es siempre pertinente expresarlo en cualquier lugar. Existen foros seguros para poner a prueba eso que sentimos, pero dicho fuera de contexto puede dañar más que sanar; existen situaciones en las que nuestros dilemas deben ser resueltos privada e interiormente. En estos casos, la confesión, la guía espiritual y la terapia psicológica deben ser consideradas sin ninguna vergüenza de que otros piensen que algo puede andar mal en nosotros. A menudo se nos hace muy difícil manejar un sentimiento desagradable. Aquí no me refiero a una tristeza y una angustia profunda y recurrente, en cuyo caso necesitaría, sin duda, atención profesional, sino que hablo de la tristeza ocasional que a veces sentimos y que puede manifestarse sin previo aviso.

Para tener unas emociones sanas también se necesita tener un cuerpo sano. Además de la terapia, es necesario recordar que tenemos un cuerpo que puede afectar lo que sentimos; siempre invito a descartar un desbalance hormonal o mineral. La falta de vitaminas D o B, o una tiroides sin controlar pueden afectar las emociones y explicar por qué ya no «eres tú mismo».

Estar cerca de Dios no evitará que en ocasiones sintamos desesperanza, pero el estar cerca de él nos dará la fuerza para que no nos rindamos. No estamos solos, si lees los salmos de David, los escritos de la Madre Teresa de Calcuta, o de Job, te darás cuenta de que mientras más grande es la fe, más grande es el reto.

AMOR PROPIO DISFRAZADO DE EGO

Mucho se habla del amor a sí mismo. Somos personas únicas con nuestra propia identidad, pero, cuando el amor propio se esconde detrás del egoísmo y el individualismo, ya no es amor, sino soberbia disfrazada de independencia de pensamiento. Nacimos para trabajar juntos, nacimos para colaborar con Dios en su obra.

En la naturaleza no hay orgullo. ¿Cuándo has visto una rosa compitiendo con otra? ¿Una hormiga protestando por exceso de trabajo? Si nadie quisiera tener más o impresionar, no habría necesidad de competir. Recuerda que en el Edén todo era perfecto, nada y todo nos pertenecía, caminábamos desnudos, y la desnudez no nos causaba vergüenza.

En esta tierra, el ego desproporcionado se sana reconociendo que aunque tengas más o tengas menos que otros, da igual, porque al otro lado nada nos podemos llevar. El orgullo es el causante de la avaricia y la inconsciencia, que causan sufrimiento y provocan separación entre unos y otros cuando nos aferramos a las cosas materiales de este mundo. Acaparamos lo que podemos pensando que nuestro valor y poder vienen de lo que tenemos. Algunos logran atesorar mucho y actúan como si fueran reyes y monarcas, mas otros, al no lograr lo mismo, piensan equivocadamente que son sus peones y sirvientes. No saben que solo somos piezas con una posición temporal en el tablero.

Nuestra alma no tiene precio y nuestros tesoros verdaderos están en otras tierras, repartidos en partes iguales por un Dios lleno de la verdadera abundancia, que opaca cualquier tesoro de este planeta, y cuya llave se encuentra escondida en nuestro propio corazón.

Aquí se nos olvida que, al final del juego, nadie se lleva ni los logros ni los tesoros. Jugamos al ajedrez en el tablero de la tierra, algunos ganamos y otros perdemos, pero tal como dice un conocido proverbio: «En el ajedrez algunos son peones y otros son reyes, pero, al finalizar la partida, todos terminan en la misma caja».[10]

> Prometo reconocer mi verdadero ser. Encontrarnos a nosotros mismos no es convertirnos en seres egoístas. No es ser mejores que otros, sino la mejor expresión de nosotros mismos y orar a quien nos creó: nuestro Dios. Para saberlo, muéstrame cuál es el verdadero reflejo de tu imagen en mí.

Es posible conocernos, pero no es posible hacerlo por nosotros mismos. Sin Dios no puedo conocerme, porque solo Dios puede conocer mi corazón.

«Oh Dios, examíname, reconoce mi corazón; ponme a prueba, reconoce mis pensamientos; mira si voy por el camino del mal, y guíame por el camino eterno».[11]

Tu verdadero yo es como una chispa divina de Dios, que muchas veces está olvidada detrás del antifaz. Hay días, hay mañanas y hay noches. Luego, todo pasa como la niebla que se levanta. Las oscilaciones de la mente y las emociones son normales; es un mundo caprichoso donde nada es seguro, solo Dios. La mente, las emociones y los sentimientos internos son variables. El antídoto de los vaivenes de los sentimientos es el compromiso. Habrá días que no querrás ir a la oficina, pero eso no significa que debas dejar tu trabajo. Habrá otros que no querrás hablarle a tu hijo o a tu esposo, ya sea por cansancio o por una mala conducta, pero eso no significa que te irás de sus vidas. Nunca debemos olvidar que el velo de la ignorancia es el encanto que nos hace olvidar que todos somos una familia y a la misma vez que somos parte de Dios.

Para reconocer nuestro verdadero ser, primero necesitamos reconocerlo a él.

Ser más humano significa ser más parecido a Dios y a las cualidades que él mismo nos ha infundido. Como no podemos verlo, la manera de reconocer el camino de regreso hacia nuestro verdadero ser es recordar que Dios nos envió una imagen perfecta suya por medio de Jesús.

PRÁCTICA PERSONAL

A veces nos miramos en el espejo y lo que vemos es una imagen empañada de la perfección. Queremos ser ese ser original y auténtico que Dios creó de la nada, pero encontramos una dificultad, porque al final, solos no podemos.

Cierra los ojos, respira profundo unas cinco veces. Imagina que miras un espejo, pero, en lugar de ver tu rostro, ves el rostro de Jesús. No te preocupes si no puedes imaginarlo, con la presencia basta. Imagina su mirada y por un segundo recuerda cuánto te ama.

Para aclarar nuestra imagen, mirémonos en el rostro de Jesús, su mirada nos recordará quiénes somos, y su aliento quitará cada mancha, hasta que podamos verlo reflejado en nuestro propio espejo. Jesús mismo es el ejemplo viviente de cómo vivió Dios en la tierra. La forma de pedirle que nos ayude a reconocer nuestro verdadero rostro es con estas palabras: «Jesús, muéstrame tu rostro»; de esta forma, sin duda, recordarás a tu verdadero ser.

Jesús «es la imagen visible de Dios, que es invisible».[12]

Prometo recordar quién soy y no olvidar que aunque vivo en este mundo, no soy de este mundo; saberlo me liberará para poder recordar mi espíritu, para vivir sin ser absorbido por las sensaciones tambaleantes de este mundo. Mi Dios, prometo reconocer a mi verdadero ser y recordar que todo lo que no eres tú, tampoco quiero serlo yo.

Prometo *recordar* que en este mundo todo es temporal

«No nos fijamos en lo que se ve, sino en lo que no se ve, ya que las cosas que se ven son pasajeras, pero las que no se ven son eternas».[1]

Nuestra naturaleza tiene su orden, no hay duda de que nuestro mundo es hermoso, pero también no se puede negar que tiene sus peculiaridades y una de ellas es que, a pesar de su grandiosidad, además de perecedero, es un mundo imperfecto. Si bien es importante reconocernos, igualmente lo es reconocer la naturaleza del mundo en que vivimos.

CUENTOS DE LA NATURALEZA

Hubo una vez un escorpión que deseaba cruzar el río y se encontró con una tortuga. De inmediato, el escorpión trató de convencerla para que le ayudara a atravesarlo posado sobre su caparazón, pero ella le respondió: «Ni lo pienses. Te conozco. Si te dejo subir a mi espalda me picarás con tu veneno mortal. ¿Quién me asegura que no lo harás?». El escorpión le contestó con mucho sentimiento: «¿Cómo voy a matar a quien me da la mano y me ayuda? Eso no tiene sentido». Al final la tortuga cedió y lo dejó subir a su espalda. A mitad de camino, el escorpión sacó su ponzoña y la picó.

Muy sorprendida, triste y conmovida, sabiendo que moriría, la tortuga le dice: «¿Por qué me has engañado, si solo te estaba ayudando?». El escorpión entonces le contesta: «Lo siento, no es mi culpa, es mi naturaleza». Lo triste del caso es que ambos murieron antes de llegar.[2]

SI DIOS ES PERFECTO, ¿POR QUÉ EL MUNDO QUE CREÓ NO LO ES?

Al principio de la creación, Adán y Eva vivían en una condición incorruptible y gozaban de un estado de gracia; también es cierto que cayeron, creyendo equivocadamente que podían ser como Dios, alejados de él. El mundo que él creó originalmente era bueno, vivíamos en un paraíso, sin muerte ni enfermedad, sin dolor ni hambre. No teníamos que vestirnos ni matar para comer.

Dios vio que todo lo que había hecho era bueno. Día sexto de la creación.[3]

Nacimos en un mundo regido por un orden de leyes inmutables de tiempo y espacio; aquí todo es perecedero, solo Dios es eterno.

Esto no quiere decir que no podamos mejorarlo. En la creación original, Dios también nos regaló el dominio sobre ella, no para doblegarla ni explotarla, sino para cuidarla y trabajarla por medio de nuestra sinergia con Dios, pero hacerlo sin su mano explica el porqué este mundo no es perfecto. No todo está perdido, porque sabemos que tenemos la capacidad de regresar a esa perfección por medio de nuestra nueva alianza con Dios, lo que sin duda nos traerá armonía, paz y vida eterna. Nuestro planeta tiene sus propias leyes y sus propias reglas, y aunque Dios tiene todo el poder para alterarlas, por lo regular no lo hace. Dios no crea el caos, pero siempre utiliza hasta nuestros propios errores para mostrarnos un bien. Una crisis a veces sirve para mostrarnos el camino de regreso.

La crisis es pasajera, pero nuestra vida con él es eterna. Un gran error es pensar que Dios nos castiga y nos envía pruebas horribles. No hay castigo de Dios contra nosotros, sino que somos parte de un mundo simbiótico donde todo trabaja en interconexión y a la vez está afectado por un mundo sujeto al error.

LLENO DE MILAGROS

Existen personas que ven solo el mal y se olvidan de que la presencia de Dios se desborda a través de todo su universo. La naturaleza es un lenguaje por el cual podemos aprender incontables lecciones sobre la obra de Dios.

Tengo la suerte de vivir en un lugar donde veo el atardecer, un maestro del tiempo. Trato de parar la escritura para honrar ese momento, porque mientras veo la caída de sol reflexiono y doy gracias por un día que nunca regresará. El sol es entonces el broche de oro de Dios. El amanecer, en cambio, habla del nacimiento y de las posibilidades de un nuevo día; un lago en calma habla de la paz; las flores hablan de la alegría; y la semilla, de las posibilidades escondidas en nuestro interior. Dios nos habla a través de su creación.

TEMPORAL: LO QUE ES DEL TIEMPO

La mayoría de nuestros sufrimientos nacen por la angustia de no aceptar la naturaleza pasajera de nuestro mundo; por lo tanto, uno de los grandes secretos de la paz es la comprensión de los límites del tiempo y la aceptación de lo poco que estará en nuestras manos lo que pertenece a este mundo.

Vivimos en un mundo temporal, pero actuando como si fuera eterno y tratando por todos los medios de obtener satisfacción eterna por medio de sus frutos perecederos.

Temporal es la descripción de todo lo que está destinado a finalizar. Antes de la creación no existía el tiempo porque Dios no está regido por el pasar de las horas ni los minutos, pero el tiempo existe gracias a él. Su creación es temporal, pero la naturaleza de su ser es eterna. La buena noticia es que si lo pedimos, todos estamos invitados a participar de su eternidad y de su divinidad.

La palabra *temporal* significa que los seres humanos estamos regidos por las leyes del tiempo. El tiempo nos organiza, de otra manera no habría sucesos. Como decía San Agustín de Hipona: «Si nada pasase no habría tiempo pasado; y si nada sucediese, no habría tiempo futuro».[4]

Siempre me preguntaba por qué la liturgia incluye el rezo: «Señor, acuérdate de mí», y es que existimos porque Dios nos recuerda desde su eternidad. Dice el salmo 106: «Acuérdate de mí, Señor, cuando hagas bien a tu pueblo; tenme presente», y no olvidemos esta bella súplica que fue premiada con el mismo cielo: «Jesús, acuérdate de mí cuando vengas en tu reino».[5]

Juntos seguimos fielmente los pasos arbitrarios del tiempo, en la tierra todos los relojes del mundo se sincronizan para caminar a su compás. De esta manera sabemos qué pasó antes y qué pasó después. Igualmente Dios tiene una hora por la cual se rigen las pulsaciones de todo lo que se mueve y existe. Nuestro cerebro tiene la capacidad cronológica de saber el orden de los acontecimientos. Tal como las estaciones del año con sus características y duración, el universo y los seres humanos nos regimos por ese tiempo sagrado, que son los latidos del corazón de Dios.

La armonía llega cuando sincronizamos nuestro corazón con su tiempo, que es cuando buscamos su voluntad en vez de la nuestra; de otra manera siempre caminamos al destiempo, ansiando que pase un momento para llegar al otro.

TODO TIENE SU ORDEN

Existe una naturaleza divina y una material; estamos hechos de una materia prima que es compartida con todo el universo. El hierro minúsculo de tu sangre algún día fue o será parte de una gran estrella. ¿Quién puede replicar esta inteligencia? Solo nos toca bajar la cabeza con humildad y reverencia, abrir los brazos y rendirnos ante tan maravilloso plan. Si miramos de cerca, la espiritualidad no está en contra de la ciencia.

CAPÍTULOS DEL ALMA

Todo tiene su tiempo. La vida tiene su ritmo, a veces aspira, a veces expira, otras veces inspira; así observarás que algunos años son para reflexionar mientras que otros son para volar; de nada vale resistirlos. En algunos capítulos de vida tienes la creatividad de la primavera para comenzar algo nuevo; otros pareciera que fueran para construir porque son los años productivos; algunos parecen otoño y llegan para recoger la cosecha. Unos años son para descansar, y resultan ser esos inviernos cuando solo quieres recogimiento espiritual: los domingos del alma, cuando quizás tienes tiempo para pensar, recobrar tu salud y alimentarte espiritualmente.

Nunca faltan aquellos años para finalizar, dejar el lienzo en blanco para comenzar de nuevo, imitando el gran orden de este bello universo. El problema no es el mundo y su orden, sino nuestra resistencia y falta de paciencia: cuando estamos en calma, pensamos que nos falta acción; cuando hay demasiada acción, añoramos la calma, y así se nos va la vida en un eterna reclamación a Dios.

Hay un tiempo señalado para todo y hay un tiempo para cada suceso bajo el cielo, hay:
Tiempo de nacer y tiempo de morir;
Tiempo de plantar y tiempo de cosechar;
Tiempo de construir y tiempo de destruir;
Tiempo de llorar y tiempo de reír;
Tiempo de estar de luto y tiempo de estar de fiesta;
Tiempo de intentar y tiempo desistir;

Tiempo de abrazarse y tiempo de separarse;
Tiempo de guardar y tiempo de desechar;
Tiempo de callar y tiempo de hablar;
Tiempo de amar y tiempo de odiar;
Tiempo de guerra y tiempo de paz.

¿Qué ganamos con afanarnos? Dios ha hecho todo de acuerdo a su tiempo. También ha puesto la eternidad en nuestros corazones; sin embargo, no acabamos de descubrir la obra que Dios nos ha regalado.

Sé que todo lo que Dios hace será para siempre; no hay nada que añadirle y no hay nada que quitarle. Dios ha obrado así. Lo que es, ya ha sido, y lo que será, ya fue.[6]

Prometo aceptar que este mundo es temporal; retomo mi paz cuando recuerdo que no necesito afanarme, que lo que vendrá llegará y lo que tendrá que irse se irá; descanso en el mismo Creador al recordar que el gran reloj de este universo está en sus manos.

LA MUERTE, CUANDO EL TIEMPO HA TERMINADO

Nada de lo que aquí escriba puede evitar la tristeza que se siente cuando un ser querido parte antes que nosotros. La tristeza es inevitable y natural, pero para todo aquel que crea en Dios y regrese a su voluntad, el sufrimiento puede mitigarse o al menos no tiene por qué prolongarse. Tenemos paz cuando comprendemos por medio de la fe que lo que llamamos «muerte» es verdaderamente un renacimiento, un regreso y la consecución de una misión que ha llegado a su término.

Es natural sentir las emociones profundamente y pasar por el duelo, proceso importante para sanarnos. Lo que no resulta natural ni beneficioso para el alma de quien ha partido, ni para la nuestra, es aferrarnos al ser que ya se fue, porque sería la negación de un orden. Sufrir es resistirse indefinidamente a la muerte y no aceptar el hecho.

La intensidad del sufrimiento no logrará cambiar la realidad de la partida. No podemos morir con el que se ha ido, ni tampoco sufrir indefinidamente apegados a lo vivido antes de su partida; para algunos, esto puede convertirse en una puerta de escape para no enfrentar su propia vida y evitar vivir una nueva realidad.

Cada final es una nueva oportunidad para comenzar de nuevo.

Es importante recordar a quien partió con amor, como a un viajero que se ha ido a un país no muy lejano y al que volveremos a ver.

Resistirse a la muerte es como si un pez resistiera el mar, o las aves, el viento. El problema no es la muerte, es nuestra negación a ella; tenemos miedo a mencionarla y tememos debido a nuestra falta de certeza de lo que encontraremos en la otra vida. Para llegar a hacer la paz con el concepto de la muerte, primeramente debemos hacer la paz con Dios y con la eternidad, interiorizar que es completamente natural dejar este plano en cualquier momento y bajo cualquier circunstancia, incluyendo los llamados «accidentes».

Cada cual tiene su día y su momento; esto es igualmente parte de lo que no se puede cambiar. La muerte no se puede forzar, no se puede predecir, no se puede revertir, tampoco se debe provocar, pues sería una violación de las leyes y el orden. No hay nada que puedas hacer para evitarla cuando llega el momento, entonces por qué angustiarnos.

TRES SEMILLAS DE CALABAZA

Una historia cuenta sobre una mujer que había perdido a su único hijo, y no pudiendo aceptarlo, decidió llevarlo a un asceta sabio para que le devolviera la vida. Él asintió con su cabeza, pero con una sola condición: la madre tenía que llevarle tres semillas de calabaza de una casa cuyos residentes no hubieran tenido muertes en su familia. La desconsolada mujer tocó las puertas de cientos de casas, pero llegó con las manos vacías, pues encontró que no existía ni una sola familia que no hubiera experimentado la muerte en alguno de sus familiares, hecho que inmediatamente le devolvió la paz a la señora, al confirmar que no era la única que había perdido a un ser querido. *Todos* en algún momento habían experimentado lo mismo.[7]

Cuando experimentes una pérdida, mira a tu alrededor, agradece por el tiempo que estuviste en la tierra con el ser que se fue y no des la espalda a quienes todavía están a tu lado. El que teme a la muerte, igual le teme a la vida. Necesitamos saber morir para poder vivir. Perder el miedo a la muerte ocurre cuando se vive con la certeza de que la eternidad nos pertenece; esto se logra por medio de una profunda fe, que es a su vez la consecuencia de nuestra conexión consciente con Dios.

La solución es prevenir, no la muerte, sino la angustia por falta de fe. La muerte no se puede evitar; la muerte no se vence dejando de vivir, al contrario, no vivir la vida es morir en ella. No se puede evitar lo inevitable; la respuesta es dar prioridad al trabajo espiritual diario en nuestras vidas, para por medio de nuestra comunión con Dios y Jesús, crear la fortaleza espiritual necesaria para enfrentar cualquier pérdida terrenal, que también es parte de nuestra experiencia natural e inevitable, y nos incluye a todos, desde las células hasta las galaxias.

De un momento a otro todo puede cambiar. Debemos estar preparados, no esperar lo peor, ni vivir temiendo y pensando en la muerte constantemente, eso es obsesión y no te dejará disfrutar de la vida; todo lo contrario, debemos estar despiertos al tiempo y actuar con reverencia en el presente.

No dejar nada por hacer ni nada por decir. Vivir en conciencia, en amor y en perdón, sabiendo que existe un Dios que te protege; esta es la clave de vivir en paz y sin miedo a la muerte, pues siempre estaremos listos y prevenidos cuando nos llegue o les llegue a nuestros seres queridos el momento de graduarse de la universidad terrenal.

Todos lloramos una pérdida, pero aquel que cree en la vida eterna llora lágrimas de paz, mientras que el que todavía no ha conocido a Dios y no cree en el cielo llora lágrimas de desesperación. La solución es la preparación espiritual, aprender sobre ese lugar a donde vamos y acerca de aquel con quien vamos. Me da paz recordar que, como mostraban los primeros padres de la iglesia:

La muerte es como un sueño del que despertaremos en los brazos de Jesús.

El cielo es un lugar, un reino, un hogar al que regresaremos, no una conciencia abstracta donde nos fundimos en la nada, ni un viaje interminable de nacimientos y muerte.

Jesús nos prometió paz, un lugar donde volveremos a encontrarnos con nuestros seres queridos y con él. Lo más triste no es la muerte, sino cuando le llega el momento de partir a alguien que no tiene fe. Muchas personas no creen en el cielo ni en el Reino de Dios, y prefieren no pensar en el final, pero les aseguro que lo más importante es hacer las paces con Dios y creer en ese lugar asignado en el cielo.

Los que creemos no tenemos que esperar llegar al cielo para comunicarnos con los seres queridos que han partido, podemos hacerlo por medio de nuestras oraciones o en silencio. Aunque no los vemos, ellos pueden escucharnos. Lo que nunca debemos hacer es recurrir a los que dicen hablar con el más allá, ni buscar espíritus. Esta es una puerta peligrosa que no queremos abrir; aunque nos den las informaciones correctas o deseadas, en el mundo espiritual hay farsantes igual que en este mundo.

Prometo aceptar que la vida terrenal es una condición terminal de la que nadie se puede salvar por sí mismo. La única manera de vencer la muerte es abrazando cada segundo de la vida, sembrando para cada latido de la eternidad que nos promete Dios, y teniendo fe en Jesús, único ser que venció la muerte.

«Encuentren paz en su unión conmigo. En el mundo,
ustedes habrán de sufrir; pero tengan valor: yo he vencido
al mundo».[8]

CÓMO RENACER, LECCIONES DEL TIEMPO

Cuando llega el primer asomo de la primavera, ese minúsculo retoño verde es un aviso para toda la naturaleza de que es tiempo de
despertar del ensueño. Recuerda, en el invierno no hay muerte ni
final, todo duerme, se despierta y, junto a Dios, luego se transforma. En la primavera lo congelado regresa a la vida, pero renovado.
Antes de llegar los nuevos capullos, las antiguas flores dejaron
atrás sus viejos pétalos. No puede haber retoño sobre viejas hojas
que todavía no se han dejado caer.

La primavera es limpieza y renacer. Está en tus manos renacer
con la primavera o morir congelado en el invierno anterior. Observa, ora, pide guía, suelta y elige una vez más regresar a los brazos
del Creador en un nuevo tiempo.

**Bajo el viñedo cubierto por la nieve del ahora, se
encuentra la copa de vino del mañana.** Todo tiene su
ciclo; no porque no puedas ver tu sueño hoy, significa
que no será posible en el mañana.

Escribí estas líneas inspirada por los viñedos cuando vivía en
las afueras de la ciudad de Nueva York, mientras los admiraba
tan dignos, soportando el frío. En ese momento, solo se veían
unas filas llenas de pequeñas ramas cubiertas de nieve, pero suje-
tas por unas sogas, bajo un viento frío que soplaba sobre ellas sin
piedad. Sin embargo, allí estaban las uvas del mañana. Eso es la
verdadera fe y la esperanza, es certeza. Esas sogas son las oraciones y los mismos brazos de Dios que nos sujetan cuando no
vemos salida.

Debemos aprender de estos hermosos viñedos valientes, en paz, porque si pudieran hablar nos dirían que viven en la plenitud que nace de la certeza de saber que no importa cómo parece el día hoy; saben bien que el regreso de la primavera siempre es inevitable.

No hay invierno que pueda resistirse a la primera brisa de la primavera.

A veces equivocadamente miramos a nuestro lado para tener una referencia de cómo debemos estar. No podemos utilizar la vida de los demás como referencia de la propia; en la vida hay tiempo para lamentar y hay tiempo para celebrar. Es como si comparáramos los dos hemisferios, mientras el uno está en verano, el otro está en invierno.

La vida tiene dos caras, algunos solo te mostrarán la buena, pero todos sabemos que la vida está compuesta de ambas. No se trata de quedarnos perdidos en la tristeza. Lo importante es ir hacia Dios con ambos estados de ánimo y recordar que ellos también pasarán. Para tener plenitud, que es estar en paz con risas y lágrimas, se necesita ir a Dios con nuestro dilema; muchos pueden hacerte reír, pero solo Dios puede colocar una sonrisa permanente en el alma.

La permanencia es recordar que muchos pueden darte un lugar para dormir, pero solo Dios puede darte un lugar seguro y eterno; muchos pueden darte pan, pero solo Dios puede alimentar tu alma; muchos pueden darte tranquilidad, pero solo Dios puede darte paz en el alma; muchos pueden sanar el cuerpo, pero solo Dios puede darte vida eterna. Todo lo demás es temporal.

COMPRENDER NUESTRA NATURALEZA

He encontrado que existen algunos estados del planeta que no podemos alterar. El mundo en el que vivimos es imperfecto, lleno de cambios que están fuera del control de nuestras manos; existen cambios climatológicos, biológicos, astronómicos, económicos, geológicos, sentimentales, familiares, políticos, genéticos, sociales y virales, que sin aviso pueden afectarnos. En la tierra viven seres hermosos, pero también habitan en ella personas inconscientes y peligrosas, es la realidad.

¿Cómo hacer entonces? Viví en Nueva York; la pregunta allí no era si vendría una gran tormenta de nieve (ese año hubo cinco nevadas), la pregunta era ¿cuándo? Por esta razón, viví preparada con suficiente leña y provisiones en el ambiente que me tocó. No resistía, sino que obedecía y respetaba las inclemencias. Los imprevistos de la vida y sus lecciones son inevitables, igualmente llegan a los buenos, a los religiosos, a los motivadores, a los bandidos, a los positivos y a los negativos. Si vives en el trópico, un huracán puede llegar tanto a los devotos y los gobernantes, como a los vagabundos en la playa.

> Prometo recordar que todo es temporal, que en la tierra habrá retos. Aceptaré y estaré dispuesto a enfrentar las situaciones que se me presenten con dignidad y aplomo, sabiendo que siempre me darás las fuerzas necesarias para sobrellevar mi reto. No es negación ni pesimismo, es preparación para vivir con la realidad.

La preparación es esencial. No es esperar lo peor, ni ser negativo, ni vivir con miedo; es estar prevenidos para enfrentar las inclemencias posibles y estar preparados para la reconstrucción después de que pasen. Una casa espiritual fuerte es la mejor prevención y preparación. No importa si llega un huracán categoría uno u otro categoría cinco, lo importante es saber que las nubes negras, el viento y el rugir de las olas siempre serán pasajeros, que no causarán estragos permanentes si estamos fortalecidos para recibirlos o si estamos conectados con Dios y tenemos la oportunidad de esquivarlos.

Podemos hacer nuestra parte y trabajar junto a Dios para tener un mundo mejor, pero no podemos vivir en una eterna queja sobre nuestro planeta, es una causa perdida. Es recordar una vez más que ese huracán no es mala suerte, sino que es parte de la realidad de vivir en el trópico.

Prometo no olvidar que este mundo es temporal, pero Dios tiene un propósito para todo y ese todo tiene una razón de ser, todo tiene su tiempo y su naturaleza; nada tengo que dirigir o controlar mientras esté prendida del manto de Jesús, ya tengo todo;[9] como la uva se sostiene de la vid para tener vida, nada tengo que temer, solo descansar en sus brazos y confiar en que la primavera llegará.

CAPÍTULO

3

Prometo *aceptar* lo que no puedo cambiar

Lo que no se acepta nos ciega, lo que se resiste
persiste, lo que se entrega se eleva y lo que se
agradece nos engrandece.

La palabra *aceptación* no es muy popular en una cultura donde nos inculcan que tenemos el poder para cambiarlo todo con el clic de un ordenador. Buscaba un nuevo sentido esperanzador para la palabra *aceptar* cuando encontré que en el latín había escondido un bello significado y que, más que una invitación, es una cualidad del espíritu. En su estado original, «aceptar» significa «aprobar» y también quiere decir «recibir».[1] Entonces una nueva definición para aceptación sería:

Hoy apruebo y estoy dispuesto a recibir el regalo de esta lección.

NUEVE PASOS PARA LA ACEPTACIÓN

1. *La apertura.* Necesitamos estar dispuestos a descubrirla. Para recibir el obsequio de una lección, necesitamos dar nuestro consentimiento para recibirla.

2. *Invocar a Dios.* Es importante darnos cuenta de que a veces por nosotros mismos no podemos ver, que se necesita la ayuda de Dios para identificar el reto. Luego necesitamos consentir su ayuda.

   Si alguien tuviera, por ejemplo, un problema con la bebida, primero tendría que abrirse a la posibilidad de que quizás en su manera de ingerir esas copas de vino todos los viernes, se esconda una adicción. Para verla, ayudaría mucho que orara; para que la aceptación tenga un efecto de cambio, se necesita invocar a Dios con el fin de ver y luego entender. Todos tenemos libre albedrío, pero, si no damos nuestro consentimiento para que Dios nos oriente, cualquier ayuda divina para una transformación puede retrasarse, especialmente si el deseo de regresar al pasado es más grande que el miedo al incierto futuro.

Mi Dios, permito que me muestres lo que evita que yo pueda dar lo mejor de mí a los demás.

Los ojos son las lámparas del alma, si ellos no pueden ver correctamente, nuestras vidas lo demostrarán por medio de malas elecciones.

3. *La investigación.* Es cuando tenemos la valentía de mirar la evidencia del problema. En este momento necesitamos ir por encima de nuestras emociones para ver lo que la razón y la evidencia tienen que mostrarnos. Es un buen momento para solicitar la opinión de una persona neutral y de confianza que pueda ayudarnos o tenga experiencia en el tema.

4. *Admitir la situación.* Es sin duda el paso más difícil, sucede cuando nos rendimos con humildad y paramos de justificar nuestras acciones.

5. *Asumir y agradecer la lección.* Ocurre cuando acogemos nuestra lección totalmente y nos hacemos responsables de ella, no en culpa, sino en respuesta, al recordar que toda experiencia trae consigo una gran lección que nos llevará a un crecimiento personal. Hoy no somos la misma persona de ayer, gracias a que hemos aprendido grandes lecciones; usualmente aprendemos luego de haber cometido grandes errores.

Antes de sanar, toda situación necesita ser asumida. Para sanarnos, Jesús primero asumió totalmente nuestro estado de error por medio de la cruz, para así trascenderlo. Si queremos vivir, necesitamos morir al pasado.

6. *Perdonarnos.* La mayoría de nuestras acciones equivocadas no vienen por malas intenciones, sino por promesas erradas de culpa, búsquedas equivocadas de amor, repetición de un patrón y mala programación mental. Pueden ser el resultado de un problema físico, psicológico, químico o neurológico, del cual no somos culpables y del que, muchas veces, tampoco tenemos consciencia.

7. *La acción.* Son los pasos necesarios de un plan para hacer un cambio de la situación. No se pueden lograr verdaderos cambios con solo tener una buena intención. Actuar es tanto decir no a lo que te hace daño, como decir sí a lo que necesitas añadir a tu vida; un vaciarte de lo innecesario, para llenarte de lo esencial.

8. *Apoyo espiritual.* Existen ocasiones en las que para lograr ver lo que es necesario cambiar, se necesita contar con ayuda y consejería espiritual; muchas personas no pueden ver lo que les sucede y a veces la familia perpetúa el

mismo problema que tenemos, como en el caso de la codependencia.

9. *Aceptar la ayuda.* Es la humildad de recibir la misericordia de Dios. No es que Dios no quiera darnos su mano, sino que, muchas veces, nuestro propio orgullo no nos permite ver que la necesitamos. Si somos conscientes del error, igualmente somos responsables de buscar ayuda; si no podemos verlo, al menos podemos abrirnos a la posibilidad de que alguien nos lo muestre.

Estos pasos se aplican a varias situaciones: una noticia o un conflicto, una relación abusiva o de adicción, problemas en el trabajo o en las finanzas, etc.

ACEPTAR ES PODER VER

La mayor parte de la vida no vemos, sino que huimos de todo lo que tememos. Luego no comprendemos por qué, en muchas ocasiones, nos suceden precisamente las situaciones a las que nos resistimos. «No es justo», nos repetimos. Cuando existen situaciones muy incómodas recurrimos a la dispersión; después, si una situación llega a su punto crítico, pensamos que es mala suerte, cuando en realidad siempre estuvo ahí, pero no podíamos verla. La mayor parte de los retos suceden por falta de conciencia; aceptar sería sinónimo de reconocer, pues no se puede aceptar lo que no se puede ver, y lo que no se puede ver tampoco se puede transformar.

«Dios, dame la serenidad de aceptar las cosas que no puedo cambiar; valor para cambiar las cosas que puedo; y sabiduría para conocer la diferencia».[2]

ACEPTAR LO INEVITABLE

Existen situaciones que son inevitables, otras que se pueden prevenir y otras que, gracias a Dios, tienen remedio. Acerca de aquellas que tienen una esperanza, debemos preguntar a Dios la mejor forma de salvarlas y luego actuar con perseverancia. Para saber la voluntad de Dios, el reto es pedirle sabiduría con el fin de conocer la diferencia entre cuándo aceptar, cuándo desistir y cuándo luchar. Tampoco se trata de resignarse, resistirse o negarse, sino de darse cuenta de que junto a Dios siempre tenemos la opción de elegir y así pensar y actuar de la mejor manera, para de esta forma sanar la realidad de los demás y la propia. Nunca es tarde; cada situación, no importa lo negativa que se vea, lleva dentro de sí un mayor bien si elegimos verlo. No todo es inevitable; si estamos despiertos y con la guía de Dios, nuestro libre albedrío y el intelecto muy bien pueden evitar la mayoría de lo que no queremos.

Si hay hambre, sufrimiento y guerra, aceptar no quiere decir estar de acuerdo. Conozco personas que se han dedicado toda una vida a ayudar a los pobres; algunos lo hacen con alegría, pero otros ayudan con ira y sufrimiento, y esto sucede porque, erróneamente, juzgan lo que ocurre o piensan que son ellos los que generan el cambio. Mientras que conozco otros que ayudan, pero desde el amor y la dicha porque saben que solo son instrumentos de Dios, no esperan nada, no exigen nada, no reniegan ni maldicen, solo actúan en nombre de Dios. Sería desgastante sentir que está en nuestras manos arreglar el mundo. Humildad y aceptación es decir: «Te doy mis manos para ayudar en lo que pueda, mis manos son tus manos, ayúdame para ayudarte».

Las lecciones difíciles en la vida, igualmente no son mala suerte, son parte de la realidad de vivir en la tierra. No necesariamente las atrajiste con tu pensamiento erróneo, una creencia de la espiritualidad moderna que en ocasiones solo ayuda a que te sientas más culpable. Es cierto que el pensamiento negativo recurrente puede empeorar el presente, pero no se puede llegar a los extremos. Por favor, no te culpes si alguien en tu vida muere, si llega una tormenta, si te enfermas, si alguien es adicto, si no cree en Dios; no te culpes si no puedes cambiar a un ser querido, si te han abandonado;

no te culpes si han abusado de ti. Siempre puedes buscar mejorar toda situación en el nombre de Dios, no en el de la culpa.

Por supuesto, existen situaciones en las que eres directamente responsable del mal propio o ajeno, como en el caso de un bebé que nace enfermo debido a que mientras estabas embarazada ingeriste exceso de alcohol o consumiste droga o cigarrillos: no solo te hiciste daño, sino también a tu criatura. Aun en esa circunstancia, siempre hay una oportunidad para despertar.

Lo importante no es culparte indefinidamente por los errores, sino despertar e identificar qué es lo que no te permite aceptar y trascender los retos que se te presentan. La forma de trascenderlos es regresando a Dios por medio de un gran perdón y arrepentimiento, listo para remediar la situación, si es posible.

Recuerda que aunque existen cosas que no pueden cambiarse, con Dios la sanación espiritual siempre es posible.

Tu fortaleza, tu guía divina, tu conexión con Dios y tu intuición serán tu protección y fortaleza. La fuerza espiritual es la que hace la diferencia entre los que caen y no pueden levantarse y los que tienen la gracia, junto a Dios, de reconstruir sus vidas, posiblemente encontrando, luego de limpiar los escombros, una vida mucho mejor que la que tenían antes del paso del inevitable «huracán».

Las calamidades en la tierra no son obra de Dios, son el producto de un libre albedrío enfermo que elige en contra de Dios, como la guerra, la escasez de alimentos provocada por la avaricia, las enfermedades, los problemas climatológicos ocasionados por nuestra inconsciencia, y el abuso contra animales y recursos naturales. Seamos culpables o no, necesitamos asumir algunos de estos riesgos en su momento, protegernos de ellos y, si es necesario, prevenirlos.

En la tierra todo cambia; aunque necesitamos compromiso, no podemos aferrarnos de manera enfermiza

a las cosas ni a las personas o los sucesos. No sufras ni te
angusties, todo comienza, todo cambia, todo termina.
Igualmente, todo renace. Coloca tu paz solo en Dios,
solo él es eterno.

ACEPTAR LO QUE NO SE PUEDE CAMBIAR

Queremos pensar que somos poderosos, pero necesitamos aceptar
que existen situaciones que se van fuera de nuestras manos. ¿Quién
elimina el pasado? ¿Quién puede viajar al ayer y corregirlo? ¿Quién
puede cambiar la hora de la muerte? ¿La hora del amanecer? Nadie
puede corregir el pasado, salvo él cuando sana nuestra mente y
nuestro corazón. Solo puedes hacer enmiendas en el presente; los
pensamientos no se cancelan, se sustituyen. Lo que sucedió ya es
parte de la historia; la resistencia precede al sufrimiento porque se
traduce en falta de aceptación.

Lo sucedido, lo dicho, lo quitado y lo dado en el pasado no
pueden extirparse de la realidad, como tampoco puede eliminarse
una estrella del firmamento. Algunas situaciones pueden enmendarse, se puede pedir a Dios que se lleve el sufrimiento del pasado,
pero no la memoria. Se puede aprender de los errores, de aquello
que hubiéramos preferido que no ocurriera o de aquello que hicimos sin conciencia, o inclusive de aquello que hicimos a sabiendas,
pero que no pudimos evitar, por inmadurez o defecto de nuestra
humanidad.

La aceptación y la humildad no son equivalentes a vivir en
sufrimiento, sino que ambas son sinónimos de liberación.

Todo lo que ya ha sucedido está enterrado en el cementerio de
los imposibles: imposible de cambiar, borrar, extirpar, olvidar o eliminar. Lo que muere no puede revivirse, pero, si se acepta, puede
ocurrir un milagro, puede transformarse. El río no muere en el mar,
sino que se transforma en océano; pero el océano, para ser océano,
necesita de todo lo que el río trae en su cauce. Todo es un regalo,

inclusive cuando las cosas no salen como tú quieres, especialmente cuando no salen como deseamos. Mientras no aceptemos nuestra responsabilidad por las elecciones del pasado, no podremos ver claramente las posibilidades del futuro.

Llevar las acciones erradas del pasado y ofrecer todo lo sucedido a nuestro Dios para su perdón es la más alta forma de aceptación.

¿SI DIOS ES TAN BUENO, POR QUÉ PERMITE MIS CAÍDAS?

«Esto no es justo, mientras más me acerco a Dios, más retos tengo», me decía en medio de una triste situación. Pero luego pude reflexionar y entender que esas situaciones desagradables que puedo ver hoy fueron el resultado de lo que no podía ver en el ayer.

Muchas de las circunstancias negativas que se nos presentan cuando elegimos caminar con Dios vienen de elecciones que tomamos o que dejamos de tomar, antes de ver y caminar de su mano. No era que me fuera peor, sino que ahora podía ver lo que antes no. Ver la situación me daba la oportunidad de enmendarla, mientras que en la negación de la falsa calma y comodidad de pensar que nada malo me podía ocurrir, nada podía ver. Que haya calma no significa que todo está bien. Negación es no querer ver, pero la falta de conciencia es cuando sinceramente nada puedes ver. Dios es compasivo, sabe esto y a veces el mejor regalo que nos puede dar es llamarnos del sueño con un ruidoso despertador.

A veces Dios permite ciertas experiencias para que se aprenda una lección, o para que ocurra un cambio de conciencia en nuestras almas o en la de nuestros seres queridos. Lo más importante para Dios no es lo que deseas en la tierra, sino el bien de tu alma en el cielo. Inclusive hasta perder la libertad puede ser una forma extrema del plan del alma para proteger y hasta esculpir un ser; nada sabemos, entonces debemos agradecerlo todo.

En los días en que la esperanza se debilita, ora a Dios; él, sin duda, te enviará un ejército de fe.

Las situaciones difíciles pueden ser utilizadas por Dios para dar una bendición. Recuerda que hasta Jesús fue víctima de injusticias, lo que al final fue el mayor regalo para la humanidad. ¿Fue la crucifixión un acto equivocado de parte de nosotros? Por supuesto que sí. ¿Fue un Padre castigando a su propio Hijo? Por supuesto que no. Dios no provoca, pero a veces permite algunos acontecimientos como parte de un bien mayor. A veces me pregunto qué hubiera sucedido si Jesús no hubiera aceptado morir de la forma más pública: ¿su Palabra habría llegado a casi todas las áreas del planeta a través de los siglos para mostrar al mundo el camino de regreso?

SIEMPRE PODEMOS ELEGIR

No se trata de lo bueno o malo que nos brinda la vida, sino de lo que elegimos hacer con lo que ella nos da. No somos culpables de los obstáculos en el camino, pero somos totalmente responsables de lo que escogemos hacer con ellos. El pasado, la muerte y las leyes físicas y espirituales no pueden cambiarse, la voluntad de otro tampoco puede alterarse, ni Dios lo hace.

Nacemos sin elegir conscientemente el momento de la llegada y nos vamos sin elegir conscientemente el momento de la partida, pero lo que hagamos en el paréntesis de estos dos momentos está en nuestras manos.

De nada vale luchar contra los retos que nos presenta la vida, a veces son necesarios; no es vivir de brazos cruzados, pero la luna y las estrellas pueden brillar a pesar de la oscuridad. Si somos como las estrellas, la oscuridad es solo un falso telón que no puede siquiera tocarnos si caminamos con Dios; la luz siempre será más fuerte que el vacío. De otra manera, el vacío de la oscuridad podría tragarnos en su negro abismo de angustia. Si no hubiera caídos, no habría compasión; si no hubiera pérdidas, no habría humildad; si no hubiera enfermedad, no habría milagros. Si no tuviéramos la oportunidad de errar, tampoco tendríamos la posibilidad de amar. Si no tuviéramos la habilidad de elegir el mal, tampoco tendríamos la oportunidad de elegir el bien.[3]

LO QUE NO ES ACEPTACIÓN

La resignación no es aceptación si nos lleva a perder toda esperanza, sin una sola luz que muestre la salida: «Nada que hacer, esto es lo que me tocó vivir».

A veces no podemos cambiar lo externo, pero siempre podemos pedir a Dios que transforme lo interno, de esta forma vemos cómo a veces, teniendo el mismo problema y viéndolo diferente, ya no nos afecta de la misma manera.

SOBRE EL SACRIFICIO

Algunos piensan que el sacrificio no es parte del amor. Habría que preguntárselo a la madre de un niño con impedimento que haya elegido cuidarle. Ella sí sabría hablarnos del sacrificio. «Sacrificio» significa hacer sagradas todas las cosas y también se relaciona con entregar algo valioso a Dios. La palabra pareciera decir «sacro-oficio», al convertir nuestras obligaciones, nuestra labor y nuestro servicio en un acto sagrado. Sacrificio es ofrecer cada una de nuestras acciones y experiencias que constituyen un reto a Jesús en el altar, sea una enfermedad o una situación crítica. En el mundo todos tenemos alguna situación que podemos definir como una carga, pero con la gracia de Dios todo tiene menos peso. Cada persona tiene una cruz, esa situación que de pronto no podemos cambiar porque es inevitable, sea un niño con impedimento o una condición física o mental; lo que sí podemos hacer es cambiar nosotros, para que en vez de mirar hacia el suelo podamos levantar la vista hacia Dios. De esta forma, toda situación es elevada y al trascenderla, podemos crecer y ser mejores seres humanos. Hablo con muchas personas y he llegado a la conclusión de que todas, sin excepción, tenemos esa cruz; de la manera que sea, ese reto que nos hace recordar nuestra frágil humanidad.

La única manera que tuvo Jesús para vencer la muerte fue aceptando primero y luego asumiendo su propia cruz. En solo unas horas Jesús asumió el dolor y el sufrimiento de toda la humanidad, para mostrarnos de esta manera cómo trascender la muerte y rehacer la comunión con Dios que se había quebrantado. Quizás esa cruz que rechazamos, cuando la aceptamos, pueda liberarnos y llevarnos directamente a los brazos de Jesús para ayudarnos. Cuando invocamos a Jesús, él toma nuestra cruz una vez más para hacer nuestras cargas más livianas. El secreto de trascender toda cruz es primero asumirla, para luego entregarla totalmente a él.

ACEPTARME A MÍ MISMO

Cuando dejamos el vientre de nuestra madre nos enfrentamos a un mundo desconocido e imperfecto al que llegamos para recibir un nuevo lenguaje y un nuevo hogar con sus propias reglas. Nacemos con algunas condiciones determinadas, como nuestros padres y nuestro género. Muchos no estamos de acuerdo con la familia que nos tocó, ni con el cuerpo, ni con la situación que heredamos de quienes vivieron primero que nosotros.

Para aceptar a los demás, primero necesitamos aceptarnos a nosotros mismos. Rara vez estamos de acuerdo con nuestra naturaleza. Si somos tímidos, queremos ser extrovertidos; si somos analíticos, queremos ser sociales; no ayuda que algunos de nuestros padres hayan sido los primeros maestros de nuestra propia falta de aceptación, esperando que los hijos llenaran sus expectativas, sin preguntar primero cuál es su talento. Otras veces son nuestras propias historias infundadas del pasado las que crean una imagen perfecta pero ilusoria de quien pensamos que deberíamos ser. Siempre existe espacio para mejorar, pero se trata de crecer, no de sufrir imitando a los demás en busca de un falso ideal.

MEJORAR LO QUE SE NOS HA DADO

Lo que decidimos hacer con lo que recibimos no ha sido predestinado. Cada segundo es una nueva oportunidad de utilizar nuestro poder de elección para cambiar lo que podemos y aceptar lo que no podemos cambiar. Es aceptar nuestros talentos y también pedir a Dios que nos ayude a mejorar nuestras debilidades. Resulta muy curioso que aunque la mayoría de nosotros nos resistimos a actitudes, hábitos y falsos pensamientos heredados al nacer, muchos sin darnos cuenta, por más en desacuerdo que estemos con lo recibido, en vez de modificarlos, los perpetuamos por generaciones.

ACEPTAR EL PRESENTE

Algunos viven en el estado de la eterna expectativa; siempre falta «algo», ese algo usualmente depende de otros, y la vida se convierte en una eterna espera de eso que es mejor, pero no llega: «Esto es lo que quiero, algún día lo obtendré y entonces seré feliz». Por el contrario, otros viven con una condición a la que se resisten y no quieren tener: «No quiero esto, quiero algo mejor». Otros viven rememorando el pasado: «Ah, aquellos tiempos»; pensar que el pasado es lo mejor, automáticamente mata las posibilidades del futuro. Cuando nada se compara, para qué tratar siquiera. No aceptar el presente es resistirse a él. Siempre puedes mejorar tu situación presente, preguntando primero: ¿qué es lo que realmente buscas? Vemos personas que lo tienen todo y no pueden agradecerlo porque quieren huir y buscar algo diferente.

Fui una de esas personas que lo tenía todo, pero siempre sentía que me faltaba algo más, no por falta de maestros, meditaciones o aventuras, sino porque a pesar de todo lo que estaba a mi alcance, mantenía el vacío. Un día viajé casi quince horas por aire y carretera, crucé del este al oeste de Estados Unidos con el fin de encontrarme con un maestro espiritual en las afueras de la ciudad para que me dijera el secreto de la iluminación. Esto es la vida real, no una fábula. Luego de llegar con toda la expectativa de un niño que aguarda una gran sorpresa, todavía recuerdo las palabras del maestro: «Pero Sharon... ¿qué es lo que buscas?». Me quedé en blanco, no pude responderle porque todavía no lo sabía, y hoy puedo ver que aunque era un hombre maravilloso y sabio, como muchos otros sabios que conocí, él tampoco fue capaz de decirme porque él tampoco lo había encontrado.

Esperanza no es vivir esperando lo que quieres, sino amando lo que tienes; es entregar y vivir con la paz de saber que el que aguarda la voluntad de Dios siempre será recompensado más allá de sus expectativas. La aceptación es el resultado del poder de elección, se elige aceptar aunque no se quiera; pero recuerda, aceptar no es aprobar. La resignación que termina por convertirnos en víctimas de las circunstancias es todo lo contrario, porque es la consecuencia precisamente de no utilizar nuestro poder para elegir. De nada vale decir que nos resignamos exteriormente si dentro de nosotros mismos sufrimos la angustia de no haber aceptado.

La aceptación no es estar de acuerdo con lo que ocurre, ni tampoco es quedarte en una situación inaceptable; es poder ver que sí ocurrió, y estar en paz con ello.

LA ACEPTACIÓN NO ES FRACASO

Pensamos que el fracaso es la ausencia del éxito, pero la palabra *fracasar* viene del italiano *fracassare* y se refiere a una barca que se ha estrellado en su viaje.[4] Cuando navegamos a ciegas y nuestra barca queda encallada en la noche oscura, cuando nuestros deseos no se cumplen o las cosas no salen en el tiempo deseado o como queremos, automáticamente pensamos que fracasamos y nos vemos tentados a decir: «Soy un fracaso». Pero como vemos, eso solo es un reflejo de que nuestra alma se siente «rota», que algo le falta, aunque no es por lo que le falta materialmente, sino por la ruptura con Dios.

El fracaso es un espejismo, una percepción errónea forjada por nuestras falsas expectativas que nacen cuando juzgas y comparas el lugar donde te encuentras, en relación con el lugar donde tú, la sociedad o los demás piensan que deberías estar. Pero solo un ser que olvidó quién es, es capaz de valorarse por medio de comparaciones. No debemos olvidar las palabras atribuidas a la Madre Teresa de Calcuta: «Dios no nos llamó a tener éxito, sino a ser fieles».[5]

El éxito de Jesús y de sus apóstoles no estuvo en galardones ni gloria, sino en la fidelidad.

Hoy siempre espero lo mejor, aunque sé que a veces «lo mejor» puede ir en contra de mis preferencias; por experiencia sé muy bien que las ideas de Dios siempre son mejores que las mías.

¿Llamarías fracaso a cada caída de un bebé que comienza a caminar? Al contrario, cada caída lo lleva más cerca del día en que no solo caminará, sino correrá y brincará.

Al final, Dios no premia a los que ganan en la vida, premia a los que a pesar de no ganar, no pierden la fe. No tiene que ser una gran fe, un poco basta.

Si permitimos que nuestro valor provenga de los presuntos éxitos o de las temidas caídas, siempre estaremos expuestos a sentirnos «fracasados», pues la vida tiene su propio proceso y su propio tiempo. Mientras que si tu valor proviene del amor de Dios y de la certeza de saber que —no importa dónde te encuentres en el aula de la vida, sea primaria o universidad— eres un ser completo y amado por Dios, siempre tendrás el éxito asegurado; cada caída que se acepte simplemente será un paso más para aprender a caminar.

El invierno no es un fracaso, es una pausa. Una preparación para renacer.

ACEPTAR EL BIEN AJENO

Una vez escuché esta bella lección sobre los celos. Estos nacen de no aceptar el bien ajeno, lo que luego se convierte en envidia, la cual puede escalar hasta el odio. Si encuentras que alguien tiene una cualidad que te gustaría desarrollar, eso puede convertirse en inspiración para mejorar. El amor hace que admiremos y evita que odiemos, como cuando admiramos las cualidades de nuestros hijos. Si no aceptas las cualidades de otros, entonces nacen los celos, la envidia y el odio.[6] Lo mismo sucede con las emociones, las positivas se aceptan y se vuelven valiosas lecciones, pero las que no se aceptan se convierten en emociones muy destructivas.

LA HUMILDAD, MAESTRA DE LA ACEPTACIÓN

La sabiduría no es tener dominio o conocimiento de todas las cosas; al contrario, es asumir la verdad de lo poco que podemos controlar y reconocer con humildad lo que no podemos comprender o cambiar. La palabra humildad no tiene que ver con humillación, igual que la palabra humano nace de *humus* que significa tierra. Es la sabiduría que te lleva a la aceptación de reconocer nuestro estado transitorio.

«El polvo volverá a la tierra, como antes fue, y el espíritu volverá a Dios, que es quien lo dio».[7]

La sabiduría ocurre cuando tenemos la humildad de aceptar que nada sabemos. La humildad surge de la valentía de atreverse a preguntar, de tener la voluntad de soltar lo que pensamos que sabemos a cambio de la disciplina del discernimiento, que nace de aceptar la guía de Dios en cada momento.

Quien puede arrodillarse ante Dios puede levantarse tras cualquier caída, erguirse tras cualquier tropiezo y elevarse tras cualquier dificultad.

La humildad puede parecer una cualidad débil, pero en realidad es la valentía y el coraje de dejarse llevar por un camino sin garantías. Todo tiene su propósito.

La verdadera paz llega en el momento en que nos damos cuenta de que él siempre tiene una mejor idea para nuestras vidas.

Hoy prometo aceptar lo que no puedo cambiar y ser humilde; prefiero vivir en la ignorancia de la pregunta, que en la arrogancia de pensar que conozco todas las respuestas. Hoy me abro a recibir el mapa de mi verdadero destino lleno de las cosas que sí puedo cambiar con tu ayuda y permito que seas tú quien me lleve a salvo a la isla de tu paz.

Lo importante es reconocer y agradecer que inclusive algunos sucesos desagradables han sido utilizados por Dios para brindar un bien mayor del que hoy disfrutamos, personalmente o como humanidad.

Mi Dios, hoy prometo aceptar lo que no puedo cambiar. Sabes bien que no soy perfecto, pero que tu voluntad sí lo es; en medio de mi confusión te entrego todo lo que hoy me aqueja con la certeza de que tu mano sanadora siempre derrama sus milagros sobre mí cuando repito estos verbos mágicos: Te entrego. Te ruego. Te permito que me muestres. Me perdono y te agradezco.

Hoy permito que mi voluntad esté alineada con la voluntad de Dios en todas las áreas de mi vida.

DESCUBRIENDO NUESTROS MECANISMOS PARA NO ACEPTAR

La excusa es nuestro mecanismo preferido para negar nuestras propias elecciones equivocadas del pasado, justificar el hecho de no cambiar y quedarnos en el mismo lugar.

Lo contrario a la aceptación es la excusa. La aceptación y la responsabilidad te liberan espacio mental para ver claro; muchas de nuestras limitaciones son inconscientes y se repiten cíclicamente durante el transcurso de nuestras vidas. Para salir del ciclo se necesita romper con la excusa y la vieja promesa del pasado, y se rompe mediante la aceptación. Si no podemos ver, necesitamos pedir a Dios que nos muestre claramente, tener la valentía de observarnos y la humildad de reconocernos, sin olvidar que Dios nos ama, a través de todo proceso de descubrimiento.

Cada uno de nosotros tiene su camino, muchas veces con piedras y otras con inmensas rocas. Las piedras en tu camino pueden ser un gran obstáculo o pueden convertirse en el motor que te lleve a escalarlas para —desde la altura— divisar un nuevo destino. Igualmente recuerda que para escalar necesitas ayuda.

Las piedras y las rocas pueden infundir temor, pueden ser una excusa, pueden ser una barrera, pero realmente fueron hechas para ser conquistadas y escaladas, fueron colocadas allí para ayudarte a subir al mismo cielo. La aceptación no es conformismo, es lucidez y tenacidad.

ACEPTAR ES CAMBIAR LA RESISTENCIA POR LA FE

¿Por qué a mí? ¿Por qué no a mí? Si tienes que pasar una lección desagradable en tu vida, no te culpes, no opongas resistencia, no discutas con Dios; los más grandes retos nos suceden a todos en este plano, inclusive a Jesús. No te resignes, pero tampoco te resistas; más bien asume, agradece, aprende y supera la lección. Buscar la suerte es nuestro fútil esfuerzo por alterar las leyes del universo, mientras que la certeza es invitar y aceptar la sabiduría de quien las creó. Nada sustituye la fe.

> Gracias por recordarme por medio de este reto lo que necesito sanar; no puedo sanarme cuando ni siquiera puedo ver la herida, pero ahora que la puedo reconocer, te permito que la sanes con toda la intensidad de tu luz que pueda soportar.

DIOS CONOCE TUS BATALLAS Y TE ALIENTA EN SILENCIO

Aunque el camino a veces no parece perfecto, te invito a suspender el juicio de lo que aparenta ser, a cambio de confiar por un segundo en lo que Dios quiere hacer. Aunque aparenta estar en silencio, él siempre observa lo que haces, no en actitud de juicio, sino de compasión.

Al dejarte llevar y estar dispuesto a creer que tu fuente externa de sustento viene del eterno, se terminan los conflictos, te llega la dirección y en medio del peor torbellino te sentirás en paz. En estos escritos no puedo darte las soluciones, nadie puede hacerlo, solo puedo referirte a quien me ayuda cuando parece que no tengo salida. Pienso que aunque parezca que nadie ve lo que hacemos, nuestros logros, nuestros esfuerzos y nuestras caídas ya han sido vistos por alguien más alto que conoce nuestras verdaderas intenciones y nuestro verdadero sentir. Su pago no puede medirse con los instrumentos de este mundo.

Ten fe. Si ves que tu mundo se derrumba, entrégalo a Dios. Él tomará tus escombros y los convertirá en los ladrillos para construir algo nuevo.

Al vivir después de aceptar, continúas soñando, agradeciendo y actuando con amor, pero ya no sigues sufriendo, pues el amor de Dios es permanente. Tienes éxito cada día que vives y actúas en el amor, sabiendo que puedes perder una batalla, pero, cuando sigues la voz de él en tu corazón, ya no puedes perder a Dios en la guerra en contra del amor.

Prometo aceptar lo que no puedo cambiar, porque si tuviera todos los tesoros del mundo, pero olvidara de dónde vengo, no quedaría nada. En cambio, si perdiera todo, pero recuperara mi alma, lo tendría todo. Entonces el gran reto que me lo recuerda no es un fracaso, sino un regalo, pues él me habrá devuelto mi mayor tesoro: regresar a mí mismo y a Dios.

CAPÍTULO

Prometo *nunca olvidar* a quien me envió

¿En qué se parecen las aves a los seres humanos?
En que las aves vuelan sobre el viento, pero no pueden verlo, y los
seres humanos caminamos junto a Dios y tampoco logramos
reconocerlo.

LO QUE TODOS LOS SERES HUMANOS TENEMOS EN COMÚN

No importa el físico o la posición social, en algún momento todos, sin excepción, buscamos algo, soñamos algo, amamos algo, tememos algo, ganamos algo y perderemos algo, y puede no ser un algo, porque ese algo que nos falta y que buscamos, finalmente es alguien y es Dios. Todos los seres humanos fuimos creados por Dios y todos tenemos un radar interno que nos lleva a la búsqueda de su rostro.

Si caminas en el desierto de un remoto planeta y encuentras una extraña y complicada máquina, ¿pensarías que está allí por accidente? ¿Cómo saber qué es, de dónde vino y para qué fue creada? ¿No sería lo más sensato tener la humildad de buscar primero a su creador para preguntarle para qué la creó? Es algo casi inherente al ser humano resistirse a hacer una pausa para pedir direcciones aunque desconozca el camino.

Igual nos sucede cuando tratamos inútilmente de buscar los más grandes misterios por cuenta propia para intentar explicar nuestra existencia. Desmenuzamos, desglosamos y calificamos todas nuestras partes, pero solo logramos encontrar más preguntas; porque aunque la ciencia avanza, la realidad es que con todas nuestras conquistas intelectuales y físicas, hemos sido incapaces de encontrar el verdadero sentido de la maquinaria humana por nosotros mismos.

No necesitamos ser físicos para observar que este universo tiene su orden, y aquí precisamente se encuentra la gran diferencia entre el creyente y el no creyente. He tenido largas conversaciones con no creyentes. Ellos descansan en la ciencia que muestra que este universo es un mundo caótico y accidental; con ellos llegué a la conclusión de que la diferencia entre un creyente y un no creyente es que para los que no creen, la creación es un accidente convulso, pero, para el que cree, es un maravilloso orden celestial.

Si viéramos microscópicamente el nacimiento de la vida de un niño por la formación de su embrión, entre la explosión biológica y genética creeríamos que es un caos y no la perfección inexplicable que es: un milagro de vida altamente organizado.

Cuando no existen las explicaciones, Dios es la única respuesta.

Es casi imposible convencer a otros de la existencia de Dios, porque esta llama no se enciende únicamente por información, sino que es recibida directamente debido a una verdadera gracia divina por todo aquel que en algún momento tiene la humildad y la sinceridad de pedirla, sea un criminal, un doctor o un humilde campesino. Cuando llega el momento, Dios siempre tiene la mejor manera de revelar su rostro. A veces llega por nuestro propio llamado, otras veces sucede por la misericordia de él, y otras porque tenemos la gran suerte de que alguien de fe haya orado por nosotros.

Los que hemos tenido un vestigio de su ser podemos compartir la experiencia, como quien conoce a alguien maravilloso y lo presenta a sus amigos. Hablar sobre Dios no es una encomienda fácil. Es un tema que necesita de mucha sutileza; en la humanidad existen muchas cicatrices de heridas hechas por los que falsamente decían hablar en su nombre.

¿Cómo decirte que el Dios de quien hablo no es el mismo del que quizás has escuchado? Ese Dios lleno de venganza, condenación, control, juicio, castigo, muerte y culpa, en cuyo nombre muchos hacen y deshacen. El rumor errado de ese Dios severo y castigador nos ha llevado a alejarnos masivamente de él por sus falsos representantes y nos ha negado la visión del Dios real, la del Dios de amor, de perdón, de compasión. ¿Cómo saber quién es ese Dios de quien hablo?: descubriendo que está lleno de amor, infinita paz, paciencia, vida, esperanza y luz, que solo espera nuestra invitación para asistirnos incondicionalmente.

Lo sé, el fanatismo, la manipulación, el miedo y la culpa te han alejado, o quizás la mala experiencia de alguien que creías enviado de Dios te ha fallado, y todo eso hoy te hace dudar. Muchos de los que nos alejan de Dios son precisamente los mismos que tratan de acercarnos. Si te sientes lejos, el primer paso para recordar a Dios es preguntar cuándo y por qué te alejaste.

Otras personas están convencidas de que hablar de Dios es sinónimo de ignorancia, de alguna debilidad o fanatismo. Otros perdieron su fe por los argumentos de un maestro de filosofía. Más de una vez han editado el nombre de Dios de mis entrevistas: «Dios no vende, la gente se ofende», me decían.

Si mencionar a Dios es una ofensa, decir el nombre de Jesús igualmente puede provocar intensas reacciones, como ofender a alguien por decir Feliz Navidad. Todos quieren ser aceptados y entiendo por qué hemos recurrido a un dios abstracto para expresar la fe, no sea que alguien piense que somos estúpidos.

> Prometo no olvidar a quien me envío, pero antes necesito recordarlo, y una vez que lo recuerde y lo encuentre, la promesa más importante y la que conlleva más valentía es la de no negarlo.

LA DESAPARICIÓN DE DIOS

Aunque siempre me consideré creyente, llegó un momento en que ni yo misma sabía que me estaba alejando. Dios comenzó a desaparecer cuando empecé a llamarle universo; no sé realmente de dónde salió la costumbre, si de un libro de pseudociencia que nunca cuestioné o porque simplemente era lo políticamente correcto e inteligente. A pesar de invertir toda una vida en la práctica, el servicio y la búsqueda de la espiritualidad, encontré que poco a poco, y sin darme cuenta, mi verdadera conexión con Dios se iba perdiendo en descripciones genéricas y neutras escritas con minúscula, como energía, luz, cosmos, potencialidad, atracción o ley. Aunque me consideraba muy espiritual, el verdadero Dios estaba cada vez más ausente de mi fórmula de la felicidad. Precisamente, cuando comencé a cuestionar mi vacío, a pesar de tener todo lo deseado, fue que descubrí que estaba alejada de Dios, por esa razón el subtítulo de mi libro anterior es: *El proceso de conexión.*[1]

Mi alejamiento de un Dios personal no sucedió en un día; en el pasado decía muy arrogantemente que no era religiosa, sino muy «espiritual», como si ser religioso fuera de ingenuos. La verdad, yo no era ninguna de las dos cosas, solo me interesaban los beneficios inmediatos que pudiera obtener de las diferentes prácticas, como el poder de manifestar lo deseado y la calma fugaz que llegaba después de conseguirlo.

Encuentro que buscar al dios impersonal del todo, el que solo es una ley de energía, nos lleva a una parte muy limitada de la experiencia del verdadero Dios. Reducimos a Dios a una ley para ser utilizada por un interés personal con el fin de usar su poder para nuestro propio beneficio, no para obtener espiritualidad o salvación, sino para que se cumplan nuestros deseos en este mundo temporal, lo que muy fácil puede diluir y confundir la verdadera fe con la suerte, para convertirla en la ley de atracción, en la evangelización de prosperidad o simplemente en materialismo.

La vida me ha demostrado que no podemos generalizar, que existen personas muy religiosas que cumplen con cada rito de su fe, pero que no tienen ni un gramo de espiritualidad, amor ni caridad, y otras que se llaman espirituales, que tampoco tienen un compromiso que no sea una búsqueda egoísta de ellos mismos. Aunque en el fondo ambas buscan de Dios, descubrí que a pesar de que debemos orar para todo, rezar solo para conseguir nuestros deseos, sin tener amor, compromiso contigo mismo y con ese Dios a quien le pides, es una espiritualidad incompleta. Para sanar el alma se necesita ir un poco más allá de un pedido, es recurrir a la invitación. No niego que es el principio de la fe, porque al menos buscamos a Dios para ayuda, solo sugiero que está incompleta.

DIOS NO ES SINÓNIMO DE UNIVERSO

Aunque el espíritu de Dios está por todo el cosmos y es quien lo sostiene, el universo por sí mismo no es Dios, sino su creación, y por ese motivo su significado no es intercambiable. El universo es un orden que tiene quien lo rija. Nosotros queremos manipularlo por las supuestas leyes universales, pero no tenemos la sabiduría ni el poder para tratar siquiera de descifrarlo, menos de moldearlo por medio de técnicas mentales, ¡qué arrogante fui! Tratar de administrarlo sería como decirle al sol que salga en la noche, o a la primavera que irrumpa en medio del otoño, sería el caos; gracias a Dios que al final solo su voluntad prevalecerá. Existe una manera más fácil e infalible para lograr la plenitud.

Muchos dicen que necesitas desprendimiento, que debes soltar, pero la pregunta es ¿a qué? o ¿a quién? Precisamente esas fueron las preguntas que me llevaron a descubrir la herramienta más poderosa: el secreto de la entrega. Cansada de tratar de manipular el universo con resultados cuestionables, motivada por la búsqueda del Dios verdadero y una pregunta que retó mis creencias, comencé el camino de regreso a casa.

En el pasado nunca me interesó definirme ni identificarme con ninguna fe, hasta que un día, una persona que conocía mi confusión universalista quiso saber en qué creía y me presionó por medio de una pregunta inesperada: «Sharon, imagina que caes en un hueco profundo y sin salida. ¿A quién invocarías si tu vida o la de tu hija corrieran peligro y dependieran de ese ser?». Una pregunta y una repuesta que nunca olvidé, porque aunque sí me dejó perpleja la pregunta, más sorprendida me quedé con mi propia respuesta, ya que no me quedó ninguna duda al responder: «Llamaría a Dios Padre y a Jesús, obviamente».

La pregunta me trajo una gran nostalgia y fue la que finalmente me llevó a cuestionar en qué creía. Aunque no hubo duda alguna en mi respuesta, sabía que en este caso de vida o muerte no llamaría al universo ni a una conciencia universal, sino que necesitaría de mi Dios personal, al mismo de mi niñez, el único, el fuerte, el compasivo. Encuentro que muchos reniegan de Dios, pero hasta el más convencido regresa a un Dios personal cuando se encuentra acorralado. Hoy en día solo me refiero a él y esa fue la pregunta que utilicé como base para escribir este libro. ¿A quién llamaría?

Descubrí que en el camino de la espiritualidad ya no necesitaba «algo nuevo», que para entregar la voluntad, que es lo más valioso del ser humano, primero era necesario preguntar a quién entregar. En mi caso, encontré que definir mi camino hacia Dios no me limitaba; al contrario, tal como un niño necesita límites para sentirse seguro, definir (no a Dios, sino a mí misma) me daba libertad, paz, seguridad y claridad, lo que a su vez desembocaba en genuino crecimiento espiritual. Dios no puede definirse, pero nosotros sí podemos definir nuestra ruta.

DIOS A MI MANERA

En mi antiguo camino, en el que era libre para escoger el mejor dios, descubrí que mientras más indefinida, impersonal, variada y filosófica era mi relativa definición de él, más confusión, menos compromiso y lealtad había hacia ese dios de mi parte. Una experiencia en la que puedo ver que no estoy sola. Las personas en la era del individualismo repiten: «Creo en Dios a mi manera, para poder vivir la vida a mi manera». El mejor gurú es aquel que nos dice lo más parecido a lo que queremos escuchar:

Muchos no buscamos a Dios para seguir sus valores, sino que buscamos una filosofía afín para continuar con nuestros errores.

Aunque la experiencia es importante y la diversidad necesaria, estarás de acuerdo conmigo en que existen prácticas que nunca debemos tratar, pero, en tanto seamos adolescentes espirituales, muchos lo haremos como un acto de rebeldía, con el único fin de retar el sistema y probar nuestra individualidad. Tengo mi lista de experiencias que no recomendaría, como arriesgar la vida para resolver miedos y emociones. He aprendido que no todos los caminos nos llevan a Dios.

LA HISTORIA DE ALICIA

Escuché esta misma analogía en una homilía,[2] St. Jude Melkite es la historia de *Alicia en el país de las maravillas*. En su viaje, Alicia se encuentra perdida e indecisa frente a muchos caminos y se dice así misma con un tono inocente:

«Tantos caminos, ¿por cuál de todos me iré?». Entonces se encuentra con el gato a quien le pregunta: «¿Gato, qué camino debo tomar?». El gato le contesta con tono de burla: «Bueno, eso depende de hacia dónde quieres ir tú». Alicia le responde: «Eso no importa», y el gato le dice: «Bueno, entonces, si no te importa a dónde vas, realmente no importa el camino que escojas». Alicia quería preguntarle a alguien más, pero el mismo gato le asegura: «Aquí todos están locos, incluyéndome a mí».

Muchos pueden asegurar que todos los caminos te llevan a Dios, pero:

No es el mismo camino si es otra montaña.

SOBRE NUEVAS REVELACIONES

Existe un mundo adicto a nuevas revelaciones, caminando de grupo en grupo, escuchando lecciones de liberación de fuentes cuestionables, incluyendo espíritus y otros que se autodenominan maestros. Hoy puedo reconocer lecciones atractivas, pero que eran opuestas en el camino, motivo por el cual, aunque practicaba algunas con la mejor intención, espiritualmente no avanzaba, sino que seguía dando vueltas. Por eso hoy invito a la cautela y el discernimiento.

Cuando hay un vacío en el alma, como un vacío en el estómago, el hambre y la desesperación pueden llevarnos a tratar de llenar la carencia de alimento con comida rápida, la cual puede sentirse bien, pero solo sacia momentáneamente porque al final no es verdadero alimento, nos hace daño y deja el alma (y a veces también los bolsillos) más vacíos. Pero no sabes que es comida rápida hasta un día en que te sientas y te deleitas con el plato suculento de la verdad y ya no hay espacio para las comparaciones. Encuentro que esa aparente libertad de tratar con todo el bufet de la espiritualidad tiene un alto precio y un riesgo enorme, tanto el de caer en extrañas sectas, como el de robar la paz, al dejar a la suerte y la magia el control del alma por medio de una puerta abierta directa al mal.

Hoy no juzgo a la gran variedad de vertientes de espiritualidad que estudié y practiqué, pero sí utilizo mi juicio, una cualidad que las mismas sectas te invitan a descartar. Por experiencia propia sé que somos los más susceptibles porque quizás somos los más insistentes, pues seguimos buscando a Dios a pesar de haber perdido la fe en algún momento del camino. La vulnerabilidad puede llevarnos a perder más que a ganar.

¿CÓMO REGRESAR AL VERDADERO DIOS?

No necesitas regresar a lo que nunca te ha dejado, pero sí necesitas llamarle, o mejor dicho, estar dispuesto a escuchar su llamado. Dios no se busca, se descubre a veces en cada momento, cuando se le invoca, porque siempre está allí, dentro de nuestro corazón y al lado de nosotros esperando nuestra llamada. Como un tesoro olvidado está escondido, se descubre porque está cubierto por el polvo de nuestras propias ansiedades, dudas y distracciones, ahogando su voz por el miedo y el rencor. Jesús entra por el corazón; si llamamos a su puerta, Dios nos encontrará donde y como estemos.

A veces queremos culpar a Dios, odiarle, temerle, rogarle, pero muy pocos están dispuestos a invitarle, permitirle y entregarle. Dios es inexplicable; mientras más se explica menos se comprende, mientras más se cuestiona más se escapa, mientras más se busca menos se encuentra, mientras más gritamos, más silencio porque su voz no se escucha, más bien se percibe en medio de un corazón arropado por la humildad de preguntar, de alabar, de permitir, de quedarse en silencio.

Dios se encuentra en el silencio. ¿Cómo poder escuchar su bella melodía bajo el estruendo de cada distracción? Con toda razón muchos dicen que no existe, y es que:

Muy pocos son capaces de liberarse del grito del pensamiento para encontrar el silencio de Dios en la quietud de su corazón.

No siempre es un requisito poder ver lo que se necesita creer. El oxígeno no se puede ver a simple vista, pero sin él no podemos sobrevivir. Igual nos pasa con Dios, no podemos verle, pero sin él, podemos hacer muy poco que tenga verdadera trascendencia; cuando nos falta, podemos sentirnos asfixiados, como si se nos fuera la vida. Pocas veces entendemos por qué a pesar de tener todo lo que deseamos, no podemos «respirar».

El amor de Dios es el oxígeno del alma.

CUALIDADES DE DIOS

Dios no está limitado por el tiempo ni el espacio, y describirlo desde nuestra visibilidad es imposible, tal como lo sería describir una galaxia desde la perspectiva de una pequeña célula. Simplemente se necesita aceptar que habrá preguntas, que no importa cuánto indaguemos, siempre serán un misterio.

Aunque es imposible tener descripciones de lo que desde nuestra perspectiva no las tiene, encontré que Dios tiene una naturaleza infinita junto a sus descripciones igualmente eternas:

- Dios es espíritu, el mismo Espíritu Santo
  «Todo era un mar profundo cubierto de oscuridad, y el
      espíritu de Dios se movía sobre el agua».[3]
- Dios es el Creador
  «En el comienzo de todo, Dios creó el cielo y la
      tierra».[4]
- Dios es eterno
  «Desde antes que se formaran los montes y que existieran
      la tierra y el mundo, desde los tiempos antiguos y
      hasta los tiempos postreros, tú eres Dios».[5]
- Dios es omnipresente
  «¿A dónde podría ir, lejos de tu espíritu? ¿A dónde huiría,
      lejos de tu presencia? Si yo subiera a la altura de los

cielos, allí estás tú; y si bajara a las profundidades de la
tierra, también estás allí».[6]

- Dios es omnisciente
  Señor, has examinado mi corazón y sabes todo acerca de
  mí.
  Sabes cuando me acuesto y cuando me levanto;
  conoces mis pensamientos aun cuando me encuentro
  lejos;
  me ves cuando viajo y cuando descanso,
  sabes lo que voy a decir, incluso antes que lo diga.[7]
- Dios es omnipotente
  «Yo soy el Dios todopoderoso».[8]
- Dios es bueno, perfecto y justo
  «Él es nuestro protector; sus obras son perfectas, sus
  acciones, justas. Es el Dios de la verdad, en él no hay
  injusticia».[9]
- Dios es fiel
  Reconoce, «pues, que el Señor [...] es el Dios verdadero,
  que cumple fielmente su alianza [...] con los que le
  aman».[10]
- Dios es amor
  «El que no ama no ha conocido a Dios, porque Dios es
  amor».[11]

En algún momento de la historia decir su nombre estaba pro-
hibido, era secreto e impronunciable; aunque es imposible verlo
con nuestros ojos, la mejor descripción de Dios es un silencio lleno
de devoción, pero es universalmente entendido que Dios es amor.

DIOS ES UN PADRE PERSONAL

Dios es nuestro Creador, también el de sus leyes y el universo;
aunque su espíritu permea todo lo que él ha creado, su grandiosidad no evita que pueda sentirlo como un Padre, Abba o Padre,

como le llamaba Jesús; un Padre que nos ama inmensamente. La palabra Abba, del arameo, significa algo así como Padre mío querido, una manera de comunicación que solo podía tenerse con un familiar bien cercano y de confianza, palabras llenas de amor y ternura hacia alguien que igualmente nos cuida y protege.

Esta relación personal con un ser que puedo llamar Padre elimina y anula totalmente la imagen errada de un ser castigador. Igualmente sustituye a un dios abstracto por un protector real que me ama y me apoya en mi regreso; que conoce mis limitaciones, pero me ama inmensa e incondicionalmente.

Dios es trino y al mismo tiempo es uno: Padre, Hijo y Espíritu Santo.

Si bien somos cuerpo, alma y espíritu, igualmente podemos relacionarnos con Dios a través de su misma magnificencia trinitaria de la que también somos herederos, porque somos hechos a su imagen y semejanza. Siempre y cuando Dios esté en nosotros, podemos conocerlo a través del alma; también podemos percibirlo a través de un espíritu lleno de su Espíritu, sentirlo con un corazón lleno del amor palpable del Padre y recibir su compasión incalculable por medio de los brazos de la presencia de su propio Hijo Jesús, su propia revelación caminando con nosotros.

La forma de relacionarme humanamente con ese Dios omnipresente es por medio de su expresión humana: su Hijo Jesús. La relación personal con Dios llega al nivel máximo que un ser humano es capaz de experimentar en esta tierra, porque solo Jesús es la imagen perfecta de Dios, y para ser imagen de Dios, primero necesitamos imitar y ser la imagen de Jesús.

Jesús es la imagen visible de Dios, que es invisible, y existía desde antes de la creación.[12]

Jesús, por tener dos naturalezas, la humana y la divina, es el medio infalible para que un ser humano pueda lograr

ver su rostro. La aceptación de esta sola verdad logró en un instante lo que años de búsqueda no pudieron revelarme.

¿QUIÉN ES JESÚS?

El nombre de Jesús significa «salvador». Es también conocido como el Cristo, «el ungido», y como el Señor. Es el Hijo único de Dios, el Verbo. Nació del Padre antes de todos los siglos (antes del tiempo, o sea, antes de la creación). Jesús es Dios mismo, por eso recibe la misma adoración y gloria que el Padre; es Dios nacido de Dios, él es Luz nacido de Luz, es Dios verdadero nacido de Dios verdadero. Porque es engendrado (no creado de la nada como nosotros), tiene dos naturalezas, la humana y la divina. Comparte la misma naturaleza del Padre. Toda la creación fue hecha por medio de él (de Jesucristo) mismo.[13]

«Él estaba en el principio con Dios. Por medio de él, Dios hizo todas las cosas; nada de lo que existe fue hecho sin él. En él estaba la vida, y la vida era la luz de la humanidad. Esta luz brilla en las tinieblas, y las tinieblas no han podido apagarla».[14]

Como el acto más sublime de amor, bajó del cielo, y por medio del Espíritu Santo se encarnó en la tierra, nació libre de pecado y se mantuvo libre de pecado; nació a través de María, la Virgen, para liberarnos de la sentencia de muerte que provocó la separación de nuestros ancestros en el paraíso. Hoy está con el Padre y esperamos su regreso.

Él es el «Yo Soy», nombre secreto de Dios, reservado solo para el Señor. «El Padre y yo somos uno solo».[15]

EL ESPÍRITU SANTO

Es el dador de vida y el que inspiró a los profetas; recibe la misma adoración y gloria que el Padre y el Hijo, porque no es una energía impersonal, sino que es una Persona, la tercera Persona de la

Trinidad y Dios mismo. «Cuando el Padre envía su Verbo, envía también su Aliento: misión conjunta en la que el Hijo y el Espíritu Santo son distintos pero inseparables. Sin ninguna duda, Cristo es quien se manifiesta, Imagen visible de Dios invisible, pero es el Espíritu Santo quien lo revela».[16]

DIOS ES MISERICORDIA

Nuestro Creador nos ama inmensamente; si queremos a nuestros hijos con amor imperfecto, imagina cuánto más nos amará Dios. Como buen Padre, y como no es Aladino, no nos concederá todo deseo, solo concederá lo armonioso, no solamente para nosotros, sino para todos en su creación. Por otra parte, como tenemos libre albedrío, si nos alejamos de él, en ocasiones permitirá nuestros errores para que aprendamos de las consecuencias de nuestros actos y, de esta manera, nos acerquemos más a él. No es un castigo, pero, si el resultado de un error te hace regresar a Dios, será lo más importante que te habrá ocurrido, porque esta vida es solo la puerta de entrada a nuestra verdadera vida: la eterna.

SOBRE NUESTRAS DIFERENCIAS

En los últimos veinticinco años me había sumergido en varias religiones atraída por los ritos, la devoción, a veces por la música y la cultura y no me cuestionaba la base, pensaba que todo era igual. Todos buscamos a Dios, pero encontré que la diferencia estaba en preguntar: ¿quién es Dios para nosotros los cristianos? ¿Quién es Jesús? ¿Cómo es la unión que buscamos, con qué y con quién? ¿Cómo es la salvación? Es regresar a Dios, al cielo por medio de Jesús, sin perder nuestra individualidad, junto a una resurrección del cuerpo y vida eterna. Lo hacemos a través de él y su perdón inmediato, no por reencarnación o iluminación. Encontré que las respuestas de estas preguntas y la manera de regresar en muchas otras religiones o filosofías, aunque tengan muchos puntos de encuentro con la nuestra, son totalmente diferentes al cristianismo, el cual, aunque tiene su parecido, también tiene reglas que no pueden mezclarse porque su fin —aunque todos buscan la misma divinidad— es diferente. No es juicio, sino aclaración teológica.

Por ejemplo, cuando pregunté sobre Dios en el budismo, la respuesta es que no creen en el Creador: «En budismo, no creador». «Cuando ustedes, hermanas y hermanos hablan de un creador, yo soy un no creyente», dice el Dalai Lama.[17] Algunas personas pueden sorprenderse al escuchar esta verdad que también a mí me chocó, pero reconocer lo que nos distingue no significa que seamos poco tolerantes, sino que estamos informados. Como cristiana sí creo en el Padre Creador (que también es Jesús) y es a quien le entrego mi vida. Mi Creador no es negociable, porque él es mi paz y es a quien entrego mi voluntad.

NO SOMOS DIOS

Algunos repiten que somos Dios, que todo es Dios, pero, aunque somos hijos creados por Dios y podemos llegar a parecernos a él, no somos Dios mismo, y sin él nada podemos hacer. Solo Jesús es Dios, único Hijo «consubstancial» con el Padre. Las descripciones de Jesús por otras filosofías pueden confundir, pero Jesús no es otro profeta, no es un avatar, no es un buda, ni un iluminado; no podemos «iluminarnos» para ser él, no es posible llegar a ser igual a Jesús, sino semejante, porque él es Hijo con mayúscula. Jesús y Dios Padre son uno y el mismo, y aunque somos el pináculo de la creación, nosotros somos hijos con minúscula, creados de la nada para crecer en comunión con el Padre.

Dios es completo, el mal no le toca, nos sostiene en sus brazos y nos da la vida misma, nos dio el deseo para regresar y participar junto a él en la creación. Alinearnos a su plan y a su inteligencia conlleva humildad, y el reto más grande del ser humano es permitir que se haga su voluntad, porque al final es el único que sabe cómo funciona todo esto.

Este entregar es el primer paso para encontrar a Dios y tener la paz que buscamos. Prometemos a nuestra alma no negar ni olvidar la existencia de Dios aquí en la tierra, porque negarla será negarnos a nosotros mismos; prometemos no olvidarlo, porque sería olvidar el propio sentido de la vida.

Prometo no olvidar a quien me envió, pero en el peor de los casos de rebeldía, prometo al menos crear una apertura para recordarlo, la cual logramos por medio del poder más grande del ser humano, que es la voluntad para decir a ese Dios y ese orden mil veces si es necesario:

Bien, Dios, me rindo, en mi duda no sé si existes, pero haz tu voluntad y muéstrame lo mejor para mi alma. Me olvidé, pero aquí estoy para regresar, estoy dispuesto. Muéstrame tu rostro,[18] son las palabras que en un instante organizan el caos y lo convierten en orden y armonía para todo aquel que le llama.

«Dejé de resistirme y admití que Dios era Dios».[19]

—C. S. LEWIS

Prometo *entregar* mi voluntad a Dios

*«El libre albedrío es el poder que Dios te da para
regresar a él una y otra vez».*[1]

—SHARON M. KOENIG

Dios creó incontables formas orgánicas e inorgánicas en la Tierra, entre ellas un mundo mineral, un reino vegetal y uno animal, todos ellos siguen el tempo de la sinfónica de Dios sin tener la alternativa de ir en contra de su director. Las aves no eligen viajar al sur, rinden sus alas a las directrices del viento; las hormigas no eligen seguir a su reina, se rinden a su monarquía; las rocas no eligen su lugar, se rinden a ser pacientes testigos de la creación. El girasol siempre mira al sol, la marea siempre responde a la luna.

¿Cómo sería nuestro mundo si el ser humano no tuviera otra alternativa que rendirse al plan de Dios? A veces pienso que habernos dado este privilegio de elegir fue muy mala idea de nuestro Dios, porque el mayor regalo y el mayor tormento del ser humano es precisamente la libre elección. Es una responsabilidad muy grande, pero al mismo tiempo tenemos pavor de entregarla a Dios. Los que no creen atacan a Dios reprochándole que pudo haberlo hecho todo «bueno», sin recordar que, según Génesis, así lo hizo: «Y vio Dios todo lo que había hecho, y he aquí que era bueno».[2] Desde nuestros comienzos teníamos la posibilidad de disfrutar de absolutamente todos los beneficios que nos brindaba el paraíso, pero también nos dio la libertad; si no nos hubiera dado la libertad entonces todavía estaríamos allí y en ese estado, pero la paradoja es que si no pudiéramos elegir, entonces no seríamos verdaderamente libres, ni tampoco reflejaríamos su imagen. Seríamos autómatas, pero Dios nos ama demasiado para privarnos del derecho de la libertad; nos hizo sus hijos, pero, al que se le dan grandes dones, igualmente se le dan grandes responsabilidades.

Si no pudiéramos elegir el mal, tampoco tendríamos la posibilidad de elegir el bien.

EL DÍA EN QUE NUESTRA VOLUNTAD LO CAMBIÓ TODO

Originalmente fuimos creados para vivir en armonía con nuestro Dios, pero un día llegó la tentación al Edén ofreciendo a quienes todo se les había dado la irresistible oferta de poder ser como Dios, al obtener el codiciado conocimiento del bien y del mal que los haría independientes de la voluntad de quien los creó.[3] Ese día el tentador, la tentación y los tentados se unieron y todo cambió en el paraíso. Cuenta Génesis que luego de caer en la trampa, a Adán y Eva se «les abrieron los ojos», por primera vez tomaron conciencia de su desnudez y sintieron la necesidad de cubrirse. No fue porque se comieron una simple manzana, sino porque le dieron la espalda al Creador.

En ese momento, los seres humanos tuvieron un abrir de ojos, o más bien se les cerraron. Dice Génesis que se dieron cuenta de que estaban desnudos; en otras palabras, por primera vez tuvieron conciencia de sí mismos. Nació el yo, luego se vistieron y perdieron la inocencia. A partir de entonces, la consecuencia natural fue desterrarnos del Edén; nos separamos de Dios, no por castigo, sino por nuestra elección. Ese día nació la vejez, el sufrimiento, el dolor y la muerte, porque solo Dios es vida. No fue un castigo, sino el resultado de nuestra decisión; recordemos que Dios es coherente hasta con sus propias leyes. Dios quiere que estemos con él, pero no nos obliga, no dijo: «Si comes del árbol te mato»; dijo: «No comas del fruto de ese árbol, porque si lo comes, ciertamente morirás».[4]

No es una historia demasiado lejana de nuestra realidad, aunque pienses que solo es una fábula; la realidad es que todavía el abuso del autoconocimiento y el querer hacer lo que deseamos sin contar con la ayuda de Dios es precisamente lo que más nos aleja de la paz, la armonía y el amor.

Hace poco vi un lema de un grupo que no creía en Dios, que decía: «Solo el conocimiento es la libertad». Muy diferente a las palabras de Jesús, que dicen: «Conocerán la verdad, y la verdad los hará libres».[5] El conocimiento brinda información a nuestra mente, pero no nos da la sabiduría; solo Dios puede ayudarnos a discernir entre el bien y el mal. Poder sin conciencia no es poder, sino oscuridad.

¿CÓMO REGRESAR A LA ARMONÍA?

Dios quiere ayudarte, pero, como tienes libre albedrío, sin tu consentimiento no podrá protegerte de los golpes que tú mismo puedas darte por las propias elecciones equivocadas; para que Dios entre a tu vida sin restricciones, primero necesitas hacerle una invitación voluntaria.

Nuestro derecho de elegir es irrevocable, a pesar del riesgo de escoger en contra del bien común y de la voluntad del mismo que nos dio ese privilegio. Una pregunta que salta a la lógica es que si Dios es un ser tan poderoso, ¿por qué es necesario cederle nuestra voluntad? ¿Por qué nos permite cometer errores? ¿Por qué simplemente no toma nuestra voluntad, arregla todo, previene todo y nos evita tanto dolor? Es una pregunta que se han hecho todos los padres y teólogos de la iglesia.

¿Por qué Dios no interviene si sabe que estoy errando? Dios está sobre sus leyes, pero no interviene en ellas; de la misma forma que no evita que se forme una tormenta en el desierto, tampoco evita que formes un gran caos. Muchas veces, aunque te envía señales y ayuda, no interviene directamente en tu libre albedrío, porque iría en contra de su propia ley, y si no pudieras elegir, ya no serías a «su imagen». Lo que sí es cierto es que Dios no castiga, sino que utiliza cada error como una lección y cada caída como una excusa para el regreso; al final nos castigamos nosotros mismos al separarnos. Un niño aprende más por las consecuencias de sus actos que por un sermón. ¿Cómo regresar? ¿Cómo hacer para que mi libre albedrío logre aceptar la meta de Dios por encima de la mía?

La voluntad de Dios no es el capricho de un ser intransigente; es la obra maestra y el plan de un ser maravilloso y omnisciente.

¿POR QUÉ TENEMOS MIEDO DE ENTREGAR LA VOLUNTAD?

Como nos han dicho que Dios es un ser vengativo, equivocadamente pensamos que mientras no estemos dispuestos a entregarle todo, mantendremos control sobre algunos de nuestros intereses.

Entregamos algunas cosas, pero solo aquello que no es nuestra prioridad. Mientras más apego tengamos a un área de nuestra vida, más difícil resulta entregarla y más reto nos traerá la ansiedad de perderla, precisamente por la falta de armonía que produce lo que no ha sido entregado del todo, como la angustia, el apego y la ansiedad. Meditaciones, largos rezos y penitencias no funcionarán si no invitas a Dios y le entregas aquellas áreas de vida que no están en tu más alto bienestar.

Tienes libre albedrío y libertad, pero la paradoja es que
para utilizarlos para el bien, necesitas contar con él.

Solo tú tienes la llave para hacer esta entrega, pero es muy difícil dejar ir por nosotros mismos sin recaer o justificar lo que no nos conviene. Caer y seguir atado es el resultado de aferrarte a la soberbia de decir: «No estoy dispuesto», «Puedo solo».

Salir de tus apegos y ser libre es tan sencillo como decir: «Ayúdame, te entrego, te permito». La ayuda entonces puede venir por medio de sus emisarios, aquellos que también hayan pedido y estén conectados a su voluntad.

Vivir en la voluntad no significa que no tendrás tormentas,
significa que navegas junto al mejor capitán del universo.

UNA VIDA NUEVA POR MEDIO DE LA VOLUNTAD

Dios intervendrá con toda su fuerza en tu vida cuando lo invites y des tu consentimiento, es tan simple como eso. El resultado serán los milagros que ocurren, no por magia, sino por una gran fe. Si lo invitas y dices las palabras poderosas de Jesús: «Padre, haz tu voluntad», él también abrirá mares por ti.

PERMITIR LA VOLUNTAD

No es fácil aceptar la voluntad de Dios cuando quizás no concuerda con tus propios planes o deseos. A veces eso que queremos no es lo mejor para nosotros, y dejar atrás nuestros apegos puede traer tristeza y dolor, como cuando debes dejar ir algo que no te conviene y por hábito piensas que necesitas. A veces las bendiciones no llegan antes porque nuestro mismo libre albedrío insistentemente escoge un camino equivocado, los deseos entonces intervienen y atrasan nuestro bien y la voluntad de Dios.

La vida que deseas siempre palidece al lado de la vida que Dios tiene diseñada para ti.

Sufrir no es lo mismo que sentir tristeza; se sufre cuando nos torturamos por apegarnos de forma enfermiza a lo que no es saludable. Entonces se necesita decir:

> Señor, dame la voluntad y la sabiduría para solo querer tu voluntad. Hoy te entrego mi mente, mis emociones, mis manos, mi voz y mi espíritu para ser tu instrumento, y te invito a sanar todas las áreas de mi vida. Amén.

La diferencia entre la persona común y la que tiene fe es que el que tiene fe tiene paz aunque no salgan las cosas a su modo, porque acepta la gran obra y sabe que detrás de ella, y aunque no la comprenda, existe un gran plan maravilloso y un orden que se revela cuando invitamos conscientemente a Dios y liberamos nuestra propia voluntad de las garras de nuestros deseos, a cambio de los suyos.

La sabiduría es poder reconocer la voluntad suprema en medio de todas las distracciones.

¿QUÉ SIGNIFICA VERDADERAMENTE: «HAZ TU VOLUNTAD»?

Lo que se entrega a la voluntad de Dios tiene su tiempo, pero entregar no es sinónimo de «no actuar»; todo lo contrario, la voluntad de Dios es puro amor en acción. Cuando por tu libre elección invitas y das este permiso a Dios, las puertas del cielo se abren para ayudarte.

Amor sin acción es solo una ilusión. Una linda palabra, un elemento abstracto. Amar es un verbo y requiere acción para que tenga sentido.

Jesús nos mostró los más grandes milagros dando las gracias por la voluntad de Dios de antemano.[6] La entrega no significa abandonar el derecho de elegir, ni dejar de actuar, ni de tener sueños, ni dejar de ser responsables en nuestra vida; sino tener la humildad de pedir la sabiduría para que ese poder de elección que tenemos sea guiado por una fuerza mayor que lo dirija, no hacia nosotros, sino hacia la más alta expresión de Dios.

La oración «Hágase tu voluntad en la tierra, así como se hace en el cielo» del Padre Nuestro,[7] significa que en ese cielo que esperamos ya todo coexiste en la voluntad de Dios.

LOS PODERES QUE TE DA EL LIBRE ALBEDRÍO

No puedes controlar todas las circunstancias de tu vida, pero mira todo lo que sí puedes hacer con los siete poderes de tu libre albedrío alineado al de Dios:

1. El poder de aceptar y responder con dignidad a las experiencias que te trae la vida.
2. El poder de dejar ir los pensamientos que te quitan la paz.
3. El poder de elegir mirar las cosas de otra manera.
4. El poder de entregar a Dios lo que no puedes cambiar.
5. El poder de actuar y cambiar lo que sí puedes cambiar.
6. El poder de elegir, cada segundo, el perdón en vez del rencor, el amor en vez del odio, la fe en vez del miedo y la paz en vez de la discordia. Recuerda que...
7. Dios siempre te da el poder y la gracia (no importa tu error, limitación o circunstancia) de regresar a él para comenzar de nuevo al elegir su voluntad.

EL PODER DE LA PAZ INTERIOR

Muchos tememos pedir la voluntad de Dios; en cambio, damos nuestro poder a los demás para que ellos decidan cómo debemos sentirnos en cada momento. En realidad se nos olvida que los únicos que verdaderamente tenemos el poder para intervenir y evitar que experimentemos la paz interior al alejarnos de Dios somos nosotros mismos.

Solo soy libre de elegir el camino correcto cuando tú eres mi guía. De otra manera se apoderan de mí reacciones motivadas por algo exterior.

Todos creemos en algo, y si no creemos en Dios, sin saberlo, le cederemos nuestro control a personas o cosas de este mundo, motivados por el placer, el orgullo, los sentimientos y la seguridad.

Prometo recordar que solo tu voluntad es mi bien. Solo soy libre de elegir cuando creo en ti y estoy libre de mis propios deseos, pero totalmente dependiente de la guía divina.

Hoy solamente elijo lo que tú elegirías para mí; tu luz es mi guía; tu llamado es mi paz. Amén.

PASOS PARA ENTREGAR LA VOLUNTAD A DIOS

No podemos elegir nuestro origen, pero siempre podemos elegir un nuevo destino al armonizarnos con su más alto potencial para nosotros, invocando su ayuda y su guía en cada momento de la trayectoria.

1. En el camino de la entrega de la voluntad, el primer requisito para la paz es amar a Dios sobre todas las cosas. Se

necesita tener un solo Dios personal a quien entregarle y decirle: «Haz tu voluntad». No es lo mismo entregar al cosmos, que al mismo Creador. No es lo mismo llamar a un universo impersonal, que invocar a Dios Padre o a Jesús. El lado contrario también puede conceder deseos y distracciones, precisamente para alejarte de Dios. El verdadero secreto de entregar es hablarle a un Dios personal, Padre como le llamaba Jesús. ¿A quién más vas a entregar tus hijos, tu familia, tu salud y tu alma?

2. Pide y permite diariamente que se te muestre la voluntad de Dios. Entrega todas las áreas de tu vida, especialmente aquellas en las que tengas más dificultad para hacerlo. Entregar es un trabajo diario. Hazlo a través de la oración y de dos palabras sencillas: «Te permito o te entrego». El Padre Nuestro es la oración más poderosa para hacerlo.[8]

3. Cambia tus deseos por preferencias; en otras palabras, deja ir tu necesidad de obtener un resultado específico para lograr una supuesta felicidad. Nada pasajero puede ser la fuente de la felicidad, y en este mundo, todo, salvo Dios, es temporal.

4. Si tienes ansiedad con respecto a cualquier circunstancia, una vez más debes entregar y dejar ir aquello que claramente no está en tu plan, sean ataduras a creencias, pensamientos, rencores, necesidad de ganar, cosas o personas.

Como no puedes ver sin los ojos de Dios, necesitas estar dispuesto a permitir que se te revele lo necesario para cambiar y soltarlo a él, confiar y dar gracias. Ten paciencia, a veces elegir es un proceso y no un momento.

Cuando caminas en la voluntad de Dios, habrá momentos en que podrás sentirte perdido; pero al menos tendrás la certeza de caminar junto a la mejor compañía y hacia la dirección correcta.

CONFIAR EN LA VOLUNTAD

Una vez que entiendes que su plan es superior al que habíamos imaginado, vas obteniendo fe y confianza, y te das cuenta de que es mejor armonizarnos con su plan que tratar de imponer el nuestro. Alguien nos mintió y nos convenció de que la voluntad de Dios era terrible, pero no es cierto. La evidencia te mostrará, con sus milagros, que Dios siempre tiene una mejor alternativa.

Aunque desee lo opuesto, prometo hacer la voluntad de quien me envió.

Entregar a Dios no es pedir al universo que nos conceda nuestros deseos, sino pedir a Dios que nos ilumine la mente para tomar el mejor camino. Al principio invité a Dios con cautela. No niego que no fue fácil entregar muchas cosas, cuando pensaba que si usaba los pensamientos para atraerlas, al fin las obtendría. A veces todavía no es fácil entregar mis sueños, pero he podido confirmar por medio de una irrefutable evidencia que sus ideas *siempre* son mejores que las mías. Entonces la duda se disipa y una enorme certeza de protección ocupa su lugar.

PARA RECONOCER SI ES LA VOLUNTAD DE DIOS

1. Mira en tu interior. A esto le llamo tu con-paz; observa si hay paz en tu ser, o ansiedad. Siente tu cuerpo. Si tienes el estómago, el pecho o el cuello tensos, mira con calma qué está sucediendo.
2. Si te falta armonía, y tienes accidentes, enfermedad y dramas constantes, mira bien si estás en su voluntad o aferrado a un rencor o una elección equivocada.

3. Usando tu imaginación, colócate mentalmente en el lugar de cada probabilidad y mira cómo te sientes en cada una. ¿Cuál es el mejor escenario? ¿El peor? ¿Cuál te da más paz?

4. Si no te sientes seguro, espera y pide a Dios más claridad, que te envíe una señal irrefutable para saber la verdad (esto conlleva mucha valentía).

5. Haz una lista y enumera los a favor y en contra de la elección o situación. A veces tenemos una fantasía de lo que queremos o de lo que es, y llenamos nuestros blancos mentales con falsas expectativas. Escribir trae lo irreal a la luz; al verlo en el papel, en blanco y negro, podemos razonar.

6. Siéntate en silencio. Abre la Biblia, no a modo de adivinación, sino para conectarte con su Palabra. Encuentro que por medio de ella siempre habrá un mensaje al que se puede llegar a través de sus páginas.

7. Los sentimientos no siempre son una buena brújula para el camino. Pueden decirte que vayas hacia el norte, cuando Dios y tu razón saben que es mejor ir hacia el sur. Alma, mente y corazón deben estar de acuerdo; entonces, es cuando sabemos el camino, sin lugar a dudas.

Una parte importante sobre reconocer la voluntad de Dios es aceptar que a veces no sabrás el camino y que es muy posible y natural que cometas errores. El miedo a errar puede llevarte a vivir paralizado, pero necesitas tener la paz de saber que, incluso de los errores, Dios extrae bendiciones.

Para poder elegir el bien es necesario poder reconocer lo que no lo es. Muchas veces no sé a dónde voy, pero con Dios sé perfectamente a dónde no quiero regresar.

¿Cuál es la voluntad de Dios? En una oración y de manera simple, Jesús nos mostró que la voluntad de Dios es que vivamos en comunión con él, que le amemos y prefiramos su voluntad sobre todas las cosas de este mundo. La verdadera felicidad es que amemos a los demás, que regresemos a él por toda la eternidad y que ayudemos a los otros a hacer lo mismo. Todas las demás elecciones surgen de esta primera premisa.

La mayoría de las veces que queremos algo no consideramos las opciones anteriores, sino nuestro beneficio desde lo que se siente bien o nos proporciona seguridad temporal en este mundo; pero, mientras tú solo puedes ver el ahora, Dios tiene sus ojos puestos en tu eternidad. Si tu trabajo, tu relación, tus pertenencias y tus deseos van opuestos al plan de Dios, es necesario reconsiderarlos.

EL JUICIO NO ES ENJUICIAMIENTO

Hacer la voluntad de Dios no es dejar de pensar. Para elegir se necesita discernimiento; para lograrlo, utiliza las herramientas que Dios te ha dado: tu juicio, tu razón y tu intelecto, a menos que ellos estén afectados por una enfermedad o controlados por el adoctrinamiento de terceros. Cuidado con la doctrina popular que asegura que todo es una ilusión y que el mal no existe, que nada puede dañarte, que no te defiendas. Dios hizo un mundo bueno, pero, al alejarnos de él, como vemos, no todo es perfecto; por el contrario, se debe estar alerta y en total inmersión en la realidad del presente. Debes ser responsable, sentir y asumir, para luego pedir que la guía de Dios ilumine tu mente y tu corazón.

Reconocer la fuerza del mal no es lo mismo que el falso dualismo que cree en dos fuerzas de igual intensidad, luchando una contra otra. Dios es único, todo bueno y no tiene competencia; el mal no coexiste junto a Dios, el mal es el resultado de nuestro alejamiento de él.[9] La oscuridad es la falta de luz. El mal es la falta de Dios.

Es muy cierto que si caminas con Dios tienes un manto de protección, pero se necesita poder reconocer la diferencia entre el bien y el mal, y sin Dios no hay manera de saberlo con certeza. Caminamos sumergidos; Dios es nuestro periscopio, solo él puede ver por encima de las aguas turbias. No camines con miedo, porque Dios ya venció el mal. En la tierra debes mantenerte alerta contra los engaños, implora a Dios para que te los muestre. El cerebro está diseñado para protegerte por medio de sus asociaciones, pero el mal tratará de engañarte a través de tus propias debilidades, sea falta de valentía, de fe, de seguridad en Dios o de confianza.

¿CÓMO VOLVER A SU VOLUNTAD?

La voluntad de Dios es que retomemos la imagen y semejanza que perdimos en el paraíso. Lo hacemos por medio de Jesús, uniendo nuestra voluntad a la de él, que a su vez es la perfecta imagen de Dios. Nada en este mundo te da la paz que Jesús puede brindarte. La paz que sientes es la primera señal de estar en buen camino, contrario a la ansiedad que nos muestra el que retomemos nuestra propia guía personal, limitada por nuestros sentidos y nuestros deseos. Cuando esto suceda, simplemente se debe decir: «Me entrego de nuevo a ti, Señor Jesús. Me dormí, pero ya estoy despierto».

El gran secreto de la vida está en poder descubrir día a día, y en medio de tanto ruido e interferencia sensorial, cuál es el camino verdadero que él ha trazado para ti.

Aunque no está libre de retos, el camino verdadero fluye; sin embargo, el camino incorrecto siempre está «atascado», simplemente porque mientras más tratas, menos paz tienes. A veces hace falta tenacidad, pero otras se necesita soltar. Cuando soltamos, lo entregado fluye, aunque no siempre como queremos. No es castigo porque él siempre hará lo mejor para todas las partes a pesar de que no puedas verlo. Esto es una paradoja porque verás que si realmente caminas en la voluntad de Dios, la mayor parte del tiempo lo haces en contra de la corriente de este mundo; solo con Dios podrás navegar las olas contrarias.

La buena voluntad trae paz; la mala voluntad,
desarmonía. Una encomienda, que es el trabajo de una
vida, será elegir el regreso a Dios, segundo a segundo.
Elegir sin entregar es errar a cada paso.

«En la tierra paz entre los hombres (de buena voluntad)».[10]

¿QUÉ SUCEDE CUANDO ENTREGAMOS?

Todos tenemos una cadena sujeta a algo que no estamos dispuestos a entregar y que es precisamente la que no nos deja avanzar. Para que nos guíe la luz, y no nuestros deseos o reacciones automáticas, tenemos que entregar voluntariamente el control que, de todos modos, no tenemos.

La fe no es un camino fácil. Confiar en Dios es creer en
lo que no vemos, es cuestionar lo que vemos y entregar lo
que pensamos que queremos.

Quizás sobrevivas sin la guía divina y con tu propia voluntad limitada, pero aquí no hablamos de sobrevivir, sino de vivir para cumplir tu más alto plan en la tierra y de la salvación de tu alma cuando estés en el cielo.

La virgen María cambió la historia cuando dijo las palabras más poderosas al ángel enviado de Dios: «Que Dios haga conmigo como me has dicho».[11] Siendo una sierva humilde de Dios, como ella misma se llamaba, es sin embargo el humano que más cerca está de Jesús y de Dios, y es «más honorable que los querubines», dice la Divina Liturgia de San Crisóstomo.[12]

Deja ir lo pequeño para recibir lo grande que Dios tiene
para ti.

Se dice que hay que morir para vivir, y es que necesitamos morir a los viejos hábitos. Como una mariposa que esté lista para salir de su capullo, o un bebé de los brazos de su madre, lo importante es estar dispuestos a dejar atrás la etapa de comodidad y protección, dar las gracias por las experiencias de aprendizaje que nos maduraron en el pasado y dejar ir la crisálida para abrirnos a la oportunidad de renacer en otro cuerpo, con nuevas alas para volar.

Cada cual tiene su reto, quizás la crisálida sea miedo, falta de perdón, una enfermedad, una circunstancia, una excusa, un amor imposible, la soledad o un pensamiento de limitación. Hoy es un buen día para hacernos la pregunta: ¿qué evita que pueda volar? Pues quien no se cuestiona no crece, o mejor dicho, no sale de su estado de gestación para encontrar nuevas oportunidades, nuevas tierras, nuevas experiencias, nuevas relaciones para una nueva vida. Solos no podemos, necesitamos llamar a Dios. ¿Estás listo para hacer ese llamado?

> Padre, hoy te llamo, te permito y te imploro que tomes toda angustia y siempre camines a mi lado, aunque yo a veces me olvide de tu presencia.

Después de años con *El proceso de conexión*,[13] que es la práctica de la entrega de la voluntad, encontré que «haz tu voluntad» son las palabras que, unidas a la acción de caminar hacia él, logran esta intervención divina en tu vida, la llave que abre el paso al manantial de sus bendiciones. La mayoría de las personas llegan a estas palabras que desatan su gracia, no por voluntad, sino por puro accidente. El cambio usualmente sucede cuando una crisis nos hace tocar fondo y nos damos cuenta de que poco podemos hacer por nosotros mismos. «Haz lo que quieras» es usualmente el grito de desesperación que desata el código secreto para permitir la entrada a Dios. Los milagros de sanación comienzan a desarrollarse después de bajar las armas y rendirnos de rodillas. La mayoría de nosotros no entregamos hasta que nos remueven las muletas falsas que nos mantienen de pie, como la seguridad, la salud, el dinero, una relación, una posición de poder o una falsa doctrina. Muchos nos rendimos y llamamos a Dios solo cuando hemos sido golpeados y derribados por nuestras propias elecciones equivocadas.

Existe una sola solución: regresar por nuestra propia voluntad y por el mismo libre albedrío que Dios nos dio.

No es necesario esperar lo peor para llamar a Dios y permitirle su intervención. Esta igualmente puede pedirse cuando todo va bien; cuando estamos de pie antes de entrar al cuadrilátero de los retos. No es fácil pedir ayuda cuando todo va como queremos, pero cada día es una oportunidad para renacer. Aunque pensemos que las cosas van como queremos, siempre hay un espacio para crecer.

Existen dos formas de sentir vacío: una cuando lo pierdes todo y otra cuando lo tienes todo y aún sientes que todo te falta.

Había tocado fondo varias veces, pero nunca lo suficiente como para entregar mi control; cuando perdía algo siempre encontraba la manera de sustituirlo con un nuevo sueño y, aunque no lo crean, hasta un sueño puede intervenir en tu verdadero destino.

A medida que continuamos caminando con Dios, sanaremos, seremos más felices y sabremos elegir mejor. Invitar a la gracia del Espíritu Santo es una vacuna contra las distracciones que reinan a nuestro alrededor, y se necesita el refuerzo de constante oración, silencio, comunión y perdón. A cambio de nuestro compromiso, Dios nos incrementa la dosis de fe, esperanza y amor.

Si se lo permitimos, Dios hará nuestras citas y nuestros planes, y también nos inspirará hacia un cambio de dirección. Su amor será por siempre nuestro faro.

CAPÍTULO

Prometo *no perder* la fe y confiar en él

*La paz es no dudar de que tendrás oxígeno para tu próxima
inhalación, de la misma manera que confiarás en que Dios
estará allí para brindarte la próxima solución...*

La mayoría de las personas piensan que la fe es creer en algo
ciegamente, pero su significado verdadero nace de *fides*, y se
refiere a servicio y lealtad; las palabras *fidelidad* y *confiar* tienen la
misma raíz. Las palabras tienen poder, y dentro de ellas se encuentran las descripciones olvidadas que nos regalan la pista de un sentido más profundo.

¿Fiel a qué y a quién? Tener fe significa ser fiel a Dios, al plan
de nuestra alma; leales a nuestro ser auténtico, a quienes somos
realmente; fieles a nuestro propio corazón, a nuestros principios y
más altos valores. Es ser verdaderos con la voz interna que hace
eco a la voz de Dios en tu corazón.

**La fe crece cuando eres leal a tu relación con Dios, a
pesar de que tu mundo no se vea perfecto.**

Es muy fácil tener fe cuando todo va bien, pero la fe nada tiene que ver con resultados y demostraciones de Dios hacia nosotros. Existen dos tipos de «creer». Uno implica duda, e inadvertidamente sugiere que algo quizás no existe. «Creo que va a llover por la tarde», dicen los que no tienen la certeza.

Creer tiene su raíz en la palabra *corazón;* significa acuerdo del corazón. Si todos estamos hechos de la sustancia de Dios, todos tenemos ese acuerdo marcado en nuestro interior. No se puede creer algo que es totalmente ajeno a nosotros. Creemos porque en el fondo sabemos, y cuando no creemos es porque en la superficie olvidamos.

«Fe es tener la plena seguridad de recibir lo que se espera; es estar convencidos de la realidad de cosas que no vemos».[1]

Cuando escuchas sobre la fe de cada cual, por lo general está vinculada con algo superior a nosotros. Cuando caminas con Jesús, la fe es despertada por el mismo Espíritu Santo, que nos revela y refuerza la fe en el verdadero Dios. La fe no llega por voluntad, sino por gracia, a todo aquel que la pide de corazón.

VOLVER A LA FE

En esos días en los que el camino se divide y no sabemos hacia dónde caminar, cuando nuestros miedos y ansiedades nos tratan de hundir en la desesperanza, el verdadero reto es mantenernos fuertes en la fidelidad hacia Dios, la obediencia a su voluntad y nuestra propia integridad. Algunos a veces nos separamos de Dios por épocas, en ocasiones porque dudamos y en otras porque quizás creemos que nos va bien y tememos perder lo que tenemos. Otros están en un camino equivocado e igualmente temen el castigo de Dios. Falso, porque Dios no es el que envía todo lo negativo que ocurre en este mundo. Cada vez que algo malo sucede decimos: Dios lo quiso, pero necesitamos recordar que lo único que quiere Dios es nuestro bien.

La fe no es un acto ciego, sino la consecuencia natural que se siente en ese momento en el que a pesar de lo que quieres, Dios se convierte en lo más importante. La fe comienza por la oración. Es cuando pides, aceptas y actúas hacia su voluntad divina por sobre todas las cosas, por sobre toda distracción o deseo. Solo entonces encuentras la paz.

MAESTRA DE LA FE

La mariposa es una maestra de la comunión con Dios, que es la fe y la certeza de confiar y dejarte llevar. Un día, mientras caminaba por una playa en Nueva York, para mi sorpresa vi cientos de mariposas que volaban sobre las olas del mar. Parecía que llegaban de muy lejos; lo más curioso era que bailaban sobre un viento que podría ser mortal para su tamaño.

Quisiera tener la dirección y la certeza de los hijos de Dios en la naturaleza. Me decía: *¿Cómo la mariposa está tan segura de que después de atravesar continentes y océanos ha tomado el rumbo correcto para llegar a su destino?* A veces sonrío sola pensando que gracias a Dios las mariposas no tienen intelecto como los seres humanos; de otra manera, tal como nosotros, dudarían a cada segundo, o peor, quizás irían tras la ruta de las gaviotas.

¿Te has preguntado cómo puede la mariposa llegar a su destino para aparearse con su pareja que nunca ha conocido, en el preciso momento y al otro lado del mundo sin un sistema de navegación sofisticado, sin Internet, sin mensajes de texto, sin un equipo que la proteja de las inclemencias, sin combustible ni energía? ¿O es que ellas saben algo que nosotros no sabemos, que quizás hemos olvidado? La mariposa no puede elegir, porque su libre albedrío está condicionado a la voluntad de Dios. ¡Qué suerte! Ella más bien no tiene otra alternativa que descansar en la abundancia de los brazos del propio Creador que todo le da, todo le suple, todo le brinda; desde una pareja, el néctar que la sostiene, la dirección de su viaje, el mismo viento que la acuna, un propósito y hasta un inquebrantable desprendimiento a la hora de partir. No siempre llegará con vida a su destino, pero eso nunca evitó que cruzara un continente ni un océano.

¡Qué envidia les tengo a las mariposas; más que fe, quiero su certeza, su confianza en Dios y su conocimiento de los ciclos y el orden! Sufrir es resistir la guía, mientras que la paz es simplemente aceptarla. Nuestros pensamientos de preocupación han invadido nuestra mente, pero él, tal como a la mariposa, la sanará, abrirá tus caminos, quitará todo obstáculo y te elevará por encima de las montañas hasta llegar a su meta para ti. El camino de Dios es un camino de paz, aunque no libre de retos.

La mariposa no lucha contra el viento ni las tormentas, simplemente se eleva por encima de los obstáculos. En su viaje, quién sabe las aventuras y los sucesos que encontrará, pero no importa porque ella solo abre las alas y las hace reposar en las corrientes divinas. Dios la lleva a puerto seguro atravesando continentes y océanos, aunque a veces parezca que las ráfagas y las tormentas la llevan en sentido contrario de la dirección de su sueño y propósito; a pesar de que su travesía sufra atrasos interminables, siempre se deja llevar. Si por el contrario, la mariposa resistiera la corriente, moriría, sus alas se romperían, toda su energía se perdería; lo mismo hacemos nosotros, luchamos contra el viento en vez de descansar en los brazos perfectos de nuestro Señor.

La fe es creer en nuestro origen y creer en nuestro destino final. Es creer en el Creador y su cielo sin haberlos visto. La fe no tiene que sentirse, no tiene que ser grande; como una pequeña semilla solo debe cultivarse. Mientras no se siente, la fe se elige hasta que se hace real. Finalmente, Dios mismo la coloca en tu corazón. A veces siento duda, pero a la vez tengo certeza. Primero se cree, luego llega la fe. El primer grano de la fe puede ser una elección tímida de nuestra parte, mientras que el acrecentar esa fe es un gran regalo del mismo Dios.

Fe es creer sin evidencia; por ejemplo, sé que el cielo existe, que Dios existe, que me escucha, que me ama. Todo lo demás, incluyendo la paz, es resultado de la fe, aunque sea muy pequeña. La certeza no es tener la seguridad de que recibirás lo que quieres; eso no es confiar, sino depender, y la dependencia solo trae ansiedad, mientras que entregarse a su voluntad siempre trae paz. La fe es una gran gracia que se recibe con solo una pequeña semilla como la de mostaza de esperanza. Hoy prometo jamás perder la fe.

El resultado de la fe y la confianza es la paz. No podemos sentir verdadera paz si no confiamos en Dios y no le escuchamos. Para creer se necesita conocer, pero no es necesario entender. Se conoce a Dios como un amigo, hablándole normalmente, porque él te escucha.

Es un mayor riesgo colocar nuestra fe solo en lo que vemos, porque todo lo que vemos, sin excepción terminará. Solamente perdura lo que no se ve: el alma, Dios, el cielo, el amor, la eternidad. Apostamos la fe a la seguridad de un trabajo o a una pareja, pero se nos olvida quién nos da todo sustento. La ansiedad viene porque la mayoría de nosotros colocamos toda nuestra fe en lo que no es certero. ¿Qué más incierto que el futuro, que un trabajo, que la misma vida? Solo Dios es certero.

CONFÍA, LOS RETOS SON PARA ABRIRNOS LOS OJOS

La peor ceguera no es la del que no puede ver, sino la del que ni siquiera sabe que no puede ver. A veces estamos ciegos y lo peor es que pensamos que vemos perfectamente. Como en el caso de mi consistente negación de la necesidad de utilizar anteojos para leer; eso sucedió hasta un día en que tuve la necesidad de leer un menú con poca luz y alguien me ofreció sus lentes. De pronto me di cuenta y me asombré de la enorme diferencia en la calidad de mi visión al tener tan simple pero tan poderosa herramienta: lentes con aumento. He escuchado la misma historia de los que se operan de la vista. Pensaban que veían perfecto y ahora no pueden creer la claridad, los colores y la definición de los objetos. Así mismo nos sucede cuando Dios nos abre los ojos.

No podemos ver ni podemos opinar sobre aquello que no hemos tenido la oportunidad de comparar con algo mejor o peor. Por esa razón, a veces Dios permite (no provoca) que experimentemos retos o nos muestra posibilidades a través de nuevas experiencias para poder tener la oportunidad de discernir. Se discierne por la sabiduría divina, no por el miedo. Dios conoce de antemano los desenlaces de todas las situaciones, por eso se necesita cerrar los ojos en fe y confiar en él, aunque hoy no puedas verlo.

Dios, eres mi lente de aumento para ver claramente toda situación. Muéstrame mi Dios, que hoy quiero ver.

PROMETO CONFIAR Y JAMÁS DESESPERAR

Después de practicar la entrega de aquello que más deseas a la voluntad de Dios, ¿cómo puedes esperar mientras se nos cumple un anhelo? ¿Cómo haces para dejar de pensar en lo que tanto deseas? A veces oramos y pedimos, y de pronto todo se detiene, aparentemente... Cuando sientas esa calma, esto significa que el trabajo espiritual está tomando fuerza antes de mostrarse en el exterior. En esos días de pausa, cuando ya estás cansado de tanto pedir, cuando parece que no pasa nada, Dios trabaja por ti.

Mientras llegan sus nuevas instrucciones, dedícate a seguir rociando y alimentando tu semilla interior, siempre alerta de tus pensamientos y sin estar impaciente ni aferrado a los resultados. Toma este momento de descanso para unirte aún más a él y dedícate a agradecer, a vivir y atender las simples situaciones del día a día. Coloca flores, arregla el grifo que sigue goteando, lleva a tu mascota al veterinario. Sí, la vida a veces es rutinaria, pero bajo esa rutina se manifiestan milagros cuando menos lo esperas. Dios está trabajando en tus cimientos para que puedas recibir lo que viene, lo que puede llegar súbitamente y sorprenderte; en ese momento alguien puede verse tentado a decir: «Pero qué suerte tienes. ¡Qué rápido te llegan las cosas!».

La fe es la certeza de saber que la noche más oscura del alma no puede resistirse al primer rayo de un amanecer.

Sentir que no puedes esperar es un indicio claro de que tu situación no ha sido entregada del todo o que has depositado demasiada inversión emocional en ella, lo que te hará vulnerable al sufrimiento. Entregar y aferrarse no puede suceder simultáneamente. Uno de los dos ganará esta lucha. La ansiedad te muestra que gana tu deseo; la paz te muestra cuando vence la entrega. Al final ganan todos cuando logras soltar, porque un apego te desconecta de Dios, de ti mismo, de la razón, de la paz, de la realidad y de las demás personas, porque nada puedes ver que no sea tu deseo.

Cuando no queramos hacer la voluntad de Dios, entonces debemos recurrir a la obediencia, que es hacer lo se debe aunque no sea lo que se quiere.

No te preocupes si estás haciendo un esfuerzo por entregar y sientes que todavía quieres controlar. Esta nueva forma de vivir toma tiempo, pero lo importante es que ya puedes identificar cuando no tienes paz, mientras que en el pasado el sufrimiento era la forma natural pero inconsciente de vivir.

La confianza que se necesita para entregar también toma tiempo, pero si perseveras verás cómo poco a poco dejas el hábito de interferir en los planes de Dios, para convertirte en su aliado, siguiendo tu corazón, enfocándote en el presente, disfrutando el ahora, confiando, soltando, agradeciendo.

Paz es sentir a Dios inclusive en medio de la tormenta; no quiere decir que no sentirás el viento, significa que con ÉL no te derribarán sus ráfagas.

TODO LLEGA A SU TIEMPO

Puede que tengas un sueño, por ejemplo el de alcanzar una posición, solo para encontrarte una vez más en el trabajo equivocado, o quizás has completado una propuesta, pero encuentras que ha sido rechazada. Solo Dios sabe cuándo necesitas aprender a dar pequeños pasos antes de dar el gran salto; de otra manera puedes perder una oportunidad si tratas de forzar el momento.

Siempre tuve el sueño de escribir, pero al principio no era yo la autora, sino que me dedicaba a ayudar a otros autores a llevar su mensaje. No era mi momento, pero sí era un entrenamiento, porque si no hubiera tenido la humildad de servirles, nunca hubiera aprendido de ellos. El tiempo pasó y finalmente un buen día comencé a escribir, y justo cuando terminé mi manuscrito me encontré por pura casualidad con la persona que me ayudaría; la había conocido precisamente promoviendo y ayudando a otro autor ¡cinco años antes! Todo tiene un plan y todo tiene su tiempo.

La fe no es la certeza de recibir lo que quieres, sino la certeza de saber que Dios siempre te dará lo que necesitas, cuando lo necesitas.

Es curioso mirar al pasado y ver cómo los grandes dilemas de nuestras vidas del ayer, poco a poco, fueron disolviéndose. Los grandes acertijos que parecían imposibles fueron resolviéndose uno por uno, pero a veces se nos olvida cómo aquellas grandes pérdidas fueron sanadas y cómo los más grandes problemas fueron superados. El trabajo llegó, el matrimonio se dio o el hijo que tanto deseabas nació. Pero la mayoría solo miramos lo que no sucedió y no agradecemos lo que sí aconteció. Lo más sanador es mirar el más grande reto desde la perspectiva del tiempo. Luego de diez años, la mayoría de los grandes problemas se convierten en soluciones y bendiciones.

La paz es confiar en que únicamente Dios sabe el tiempo perfecto de las cosas. Solo tú puedes elegir; eso sí, no puedes olvidar que solo Dios puede conceder.

EL ACERTIJO DE LA VIDA

A veces veo a los niños armando los juegos de construcción con bloques. La caja en su exterior puede mostrar la foto de un gran barco terminado; sin embargo, dentro solo ves un mundo de pequeñas piezas de diferentes colores que no tienen sentido, pero si sigues las instrucciones (de su creador) se irá armando maravillosamente. Antes de llegar a colocar la última pieza de esa esperada bandera que va en la proa, necesitas comenzar con toda paciencia a colocar la base que sostendrá el barco, porque un eslabón precede perfectamente a la pieza que le sigue.

Muy similar es la vida; es un mundo de bloques, eslabones y ladrillos que encajan perfectamente, para que una vez armada sobre los cimientos, puedas contemplar tu sueño. No antes de tiempo. Si tratas de adelantarte, puede ocurrir una de tres cosas: el eslabón no cae perfectamente porque no está el anterior, se desmorona tu barco o simplemente se hunde antes de zarpar por tener demasiados vacíos donde faltan los soportes.

Todo tiene su propósito. Cada cosa que sucede o no sucede es porque tiene una fuerte razón de ser o de no ser. El futuro siempre aclara lo que hoy no puedes comprender. Confía en Dios.

Mi Dios, sabes que no soy perfecto, pero conoces que tu voluntad sí es perfecta. En medio de mi confusión te entrego todo lo que hoy me aqueja. Hoy prometo confiar en ti y jamás perder la fe.

CÓMO NACE LA CONFIANZA

La ansiedad de no soltar se reduce a un corazón que late rápidamente, una especie de zumbido en el cuerpo que desestabiliza, un tipo de taquicardia emocional, un acelerar porque queremos precipitar un acontecimiento, porque pensamos que cuanto más pronto ocurra ese acontecimiento que sabemos nos hará felices, más pronto se nos irá esa sensación desagradable que no podemos controlar.

> ¿Por qué voy a desanimarme? ¿Por qué voy a estar
>   preocupado?
> Mi esperanza he puesto en Dios.[2]

La angustia es similar a la ansiedad, porque se siente como una opresión en el pecho, una eterna preocupación, porque es resistencia a lo que es, a lo que puede suceder o está sucediendo. Ambas vienen del apego a una idea, a cómo debe ser el desenlace de una situación o una persona. La cura no está en el desenlace que queremos, sino en cambiar la causa, en soltar el desenlace que queremos y dejárselo a Dios.

Cómo decía Fray Ignacio Larrañaga: «Conducimos con los frenos puestos, suelta los frenos...».[3]

Cuando entregas todos tus desenlaces a Dios se termina la ansiedad. No es que ya no sea importante ese desenlace, es que lo aceptas. Se necesita discernir entre lo que se puede cambiar y lo irremediable, lo imposible, aquello que ya que no tiene arreglo en nuestras manos. En las manos de Dios todo tiene arreglo.

Ha sido un largo invierno en Nueva York, y el tema de conversación de todos los neoyorquinos fue el mismo: ¿cuándo va a llegar la primaver? Aunque formalmente se declaró la primavera, no hubo ni rastro de ella, todo seguía estéril, sin hojas, el tiempo seguía lluvioso y frío, pero un día conducía mi automóvil por donde siempre estaba el paisaje de árboles secos sin hojas... y, ¡sorpresa!, había flores por doquier, bellas ramas reverdecidas, pajaritos cantando, todo forrado de hojas. Saqué mi cabeza por la ventana y pregunté: «¿Cuándo salieron todas estas flores? Juro que ayer no estaban allí».

Parece que florecen de la noche a la mañana, pero no, las semillas que renacen llevan todo el invierno trabajando, incubando nueva belleza. Algo curioso, unos días antes de la llegada de la primavera, hubo una lluvia torrencial, y es que a veces:

La peor lluvia es la que precisamente anuncia la venida de las flores.

La vida es igual, queremos algo, no pasa nada. Le pedimos a Dios y solo llega una «lluvia torrencial» y más problemas, luego, solo silencio, hasta que un día Dios nos sorprende con el esperado jardín lleno de flores; no estaban dormidas, Dios no estaba en silencio, se estaban gestando. Las cosas llegan cuando llegan, cuando dejas de esperarlas, cuando te dedicas a vivir en vez de resistir y ansiar, entonces la vida un día te sorprende. La primavera siempre regresa. La vida no es espera, es el entretanto, es todo.

No hay inviernos, hay primaveras en gestación.

Escuché decir sobre un señor que tuvo una sana y larga vida, más de noventa y cinco años, y decía que solo se lamentaba de haberse preocupado innecesariamente por tantas cosas que nunca ocurrieron. Estoy de acuerdo, si elimino el espacio y tiempo que dedico a preocuparme, a lamentarme, a arrepentirme y a cuestionarme, recuperaría valiosos segundos que jamás regresarán y que quizás sumen años de angustia. Dios siempre te responde, porque siempre está trabajando para ti...

Confía en que Dios te trae la cura antes de que llegue la enfermedad.

En un viaje de paseo por las montañas de mi bella isla, Puerto Rico, me encontré con un campesino que vendía un ungüento natural, una extraña cocción de plantas para curar lesiones de ligamentos y dolores musculares, con verdes hojas en alcohol. Me llamó mucho la atención y sin pensarlo lo compré segura de no necesitarlo, porque «realmente no padezco de dolores musculares», me decía. Pero luego de arriesgar mi vida por rocas y montañas sin una caída, a la mañana siguiente y distraída con el paisaje sufrí un accidente en el que me torcí y lastimé el pie derecho en un escalón de dos pulgadas; pasó de la forma más tonta y a la vez más incapacitante.

Llena de dolor recordé el ungüento y en verdad fue maravilloso porque bajó la inflamación totalmente en menos de dos días, los que casualmente necesité para detenerme a reflexionar sobre un paso en mi vida que no debía tomar. Esto también nos recuerda las señales que Dios muestra a través de nuestro propio cuerpo cuando no queremos escucharlo de otra manera. Dios me dio la cura antes que la lesión, porque él y sus ángeles sabían perfectamente cuándo y qué necesitaría. Dios vive fuera de las leyes del tiempo, por eso puede ver lo que sucederá antes que nosotros. Solo tenemos que estar atentos a nuestro alrededor y escuchar las señales.

Antes de mis caídas, ya has tendido la mano que me levantará. Antes de recibir mis heridas, tú ya has creado el bálsamo que las sanará. Antes de que surjan mis problemas y mis dilemas, tú mi Dios, ya has preparado la solución que los resolverá. Prometí confiar en ti y jamás perder mi fe.

Antes de salir de tu hogar, envía una oración a Dios, que es diferente a tener una meta. Espera de la mano e inteligencia de Dios lo mejor en cada situación, sin tener ansiedad. De esta manera la vida siempre te sorprenderá con la solución más conveniente y oportuna, porque Dios siempre tiene un mejor plan.

Para lograr los sueños que Dios tiene para ti, limpia las interferencias en el pensamiento. A veces en la vida el mayor obstáculo para nuestro bien somos nosotros mismos, pero no siempre somos nosotros los responsables de todo, porque no podemos tener todo lo que queremos; existen realidades, leyes de la naturaleza, fuerzas mayores que obstruyen, factores como el tiempo, el plan del alma de cada cual o algo que va a suceder en el futuro, que pueden ir en contra de lo que queremos hoy. En algunas ocasiones, no obtener el deseo puede ser una bendición; no podemos ver el futuro, pero Dios sí puede, por eso un deseo debe pasarse siempre por el cedazo de la voluntad de Dios, y tener la confianza de que al final nada puede moverse sin su voluntad.

«Actúa como si todo dependiera de ti, sabiendo que en realidad todo depende de Dios».[4]

Hoy prometo —no importa la circunstancia— jamás perder la fe y vivir en total confianza en tu voluntad, mi Señor. Puedo perder todos los tesoros de este mundo, pero, si pierdo mi fe en ti, perderé la más grande riqueza de mi corazón.

Prometo *perdonar* para sanar

*El perdón es un regalo de amor; después de dar la vida
para salvar a otro, perdonar es el acto de amor más
grande que puedes regalar a otro ser humano.*

El perdón es un regalo. Es devolver lo que hemos quitado al
que nos ha faltado. Cuando alguien comete una falta contra
nosotros, en un nivel muy profundo, despojamos a esta persona de
nuestro amor y buscamos la manera de eliminarla de nuestra vida,
pero no se puede borrar un rostro de la faz de la tierra, como tampoco podemos borrar nuestra imagen de un espejo.

Me dirás que es todo lo contrario, que esta persona te ha ofendido y que es ella precisamente la que te ha robado la paz; pero
mira de nuevo, porque cuando negamos nuestro amor, igualmente
cerramos la llave de paso de nuestra propia fuente de paz y de
vida.

«Bienaventurados los misericordiosos, pues ellos recibirán misericordia».[1]

La palabra *misericordia* tiene el sufijo «cor», que significa «corazón» y es nuestra habilidad para sentir compasión ante el dolor
ajeno por medio del corazón. Cuando pensamos en dar un perdón

inmediatamente nos viene a la mente lo que los otros han hecho en contra nuestra, pero nadie en esta tierra está libre de falta y por esa razón todos, incluyéndonos, tenemos la necesidad del perdón; en gran medida, la habilidad de perdonar es tener la compasión y la humildad para recordar esta verdad.

Recuerda un momento en tu vida en que alguien te brindó el perdón. ¿Cómo te sentiste? El perdón es un regalo. Quizás tengas un dolor tan grande que pienses que *no* quieres perdonar, pero como ya sabes que estás haciéndote daño y también a los demás, debes hacer el esfuerzo. No te preocupes, no tienes que hacerlo solo.

PERDONAR NO ES ABSOLVER

El verdadero perdón se hace a través de Dios. Quizás tú mismo sientas que necesitas el perdón, pero la culpa solo agrava tu situación. Quizás esta persona ya se ha arrepentido y ha sido perdonada por Dios, pero como no lo sabes, el dolor sigue dentro de ti. El verdadero perdón se gana por un sincero arrepentimiento, pero eso es un asunto entre el que comete la falta y Dios. No se trata de absolver al otro.

Solo Dios puede absolver una falta hacia él, pero solo tú puedes dejar ir el dolor de una falta hacia ti.

Aquí solo vamos a hablar de tu dolor y tu rencor, y cómo puedes dejarlo ir. Algunos no perdonan porque confunden el perdón con justificar la acción del agresor; no hay duda de que existen acciones injustificables. Disculpar tampoco es permitir abuso ni olvidar o borrar de tu mente lo sucedido, porque es imposible quitar una memoria. Para perdonar, no siempre es necesario dar otra oportunidad; en casos extremos, esa segunda oportunidad puede poner en peligro una vida. Cuando se trata de golpeadores patológicos o de adictos, se perdona de corazón sin aproximaciones, y se pide ayuda.

**Perdonar no siempre es eliminar la penitencia o la pena,
es quitar nuestro odio de la persona aunque
aborrezcamos la falta.**

El perdón es sin condiciones. No puede depender de que se haga justicia contra el agresor ni de que él cambie, porque solo Dios coloca las cosas en orden y a su tiempo. Esto no quiere decir que en su momento no utilicemos la ley para proteger a los demás y a nosotros mismos de la irresponsabilidad de alguna persona inconsciente. El que comete una gran falta, por más arrepentimiento que sienta, tampoco puede pretender caminar como si nada hubiera pasado. A veces la consecuencia de la falta puede ayudar al que faltó a corregir su comportamiento y otras veces hasta puede prevenir otro error o un problema mayor, por ejemplo, un arresto por manejar embriagado. Hacer terapia de grupo o servir en la comunidad puede dar las herramientas, el tiempo y la oportunidad para prevenir un accidente futuro, donde el conductor o un inocente pierda la vida. Un mal menor puede prevenir un mal mayor e irremediable.

EL PERDÓN Y EL ORGULLO

Muchas veces la falta de perdón no es intransigencia, sino resultado de la soberbia que es el rencor que viene por la necesidad de salvar nuestra dignidad. La solución en ese caso es hacer precisamente lo contrario: dejar ir la necesidad de ganar y tener la razón, porque peor que la misma falta cometida contra ti, puede ser tu orgullo.

Perdonar no significa que ya no vas a sentir tristeza, que no te vas a defender, que no te vas a sentir ofendido o no vas a hacer lo posible por protegerte; lo harías del ataque de una persona intoxicada de odio. Lo importante es no juzgar, pero tampoco perpetuar el dolor. Sufrir es todo lo contrario a perdonar, es resistirse a aceptar lo ocurrido, transformando un sentimiento natural de tristeza en un sufrimiento infernal. La angustia no es tristeza, es un miedo profundo que nace por una amenaza real o imaginada. A veces esa amenaza es contra nuestro propio orgullo.

La falta ocurre una sola vez, pero se reproduce mil veces por segundo en nuestra mente cuando la recordamos. En el momento presente ya todo pasó, pero, si seguimos recreando lo sucedido en nuestro pensamiento, ya no serán gotas de tristeza, sino una lluvia de dolor, porque cada vez que recordamos la falta nos vuelve a doler como en el primer momento. Solo nosotros podemos dejar de lastimarnos. En este caso recrear lo sucedido es un acto de violencia contra nosotros mismos.

EL PERDÓN ES UNA ELECCIÓN

El perdón no puede seguir los vaivenes de nuestras emociones. La manera más efectiva de perdonar es recurrir a Dios y entregarle la falta y la persona, sin imponer nuestras condiciones. El perdón es incondicional. No decimos: «Te perdono si te disculpas» o «cuando cambies». El perdón es entregar la falta con la intención de no retomar el dolor y dejar ir la obsesión de controlar su resultado. Perdonar es dejar ir la necesidad de venganza; dejar ir la angustia que causa la memoria del ataque; dejar ir el rencor, la culpa, el veneno. Es dejar de repetir: «Yo me lo busqué», «Cómo pude ser tan tonto»; es dejar de generalizar diciendo: «Todos son iguales, no se puede confiar»; dejar de ser la víctima perpetua, contándole una y mil veces a los demás.

PARA LOGRAR EL PERDÓN

Para perdonar se necesita al menos tener una apertura; al verla, Dios te ayudará a sanar el dolor con su compasión. No puedes pedir perdón a Dios por tus propias transgresiones si primero no estás dispuesto a perdonar a los demás, y digo «dispuesto», no convencido, porque se necesita estar dispuesto a perdonar aunque no se desee. El requisito común para lograr el perdón es el amor, y solo en Dios vive el amor, porque Dios es el amor mismo:

1. Recordar que Dios te ama y que con la misma intensidad que te ama, igual lo hace con quien nos faltó. Solo Dios conoce la verdad y perdonará las faltas de un corazón, siempre y cuando el arrepentimiento sea sincero. No puede perdonarse a sí mismo ni a otro, aquel que no sabe que Dios los ama a ambos.

El amor de Dios hacia nosotros es un regalo que él siempre nos brinda, pero, como todo regalo, primero debe ser aceptado; sentir su amor viene después de una invitación tuya para permitir su entrada.

2. Amar a Dios sobre todas las cosas. Si bien es importante saber que Dios te ama, devolver ese amor eliminará inmediatamente la mitad de tus faltas y las ajenas, porque no puede perdonar aquel que primero no ha aprendido a amar a Dios. Igual que la experiencia de sentir su amor, el regalo de amarle es un pequeño milagro que él mismo coloca en tu corazón, cuando eres persistente en su búsqueda por medio de la oración.

La llama de un corazón vacío y apagado un día se enciende tal como el «sagrado corazón» que describen las imágenes de Jesús; ese fuego desintegra el rencor. La clave está en invitar a Jesús a nuestro corazón y hacer el esfuerzo por verlo en el corazón del otro, entonces el perdón nacerá.

3. Perdonar a los demás, porque si perdonas, Dios te perdonará, esa es su promesa. Cuando perdonamos, amamos, acto seguido la paz nos sobreviene en la misma medida en que perdonamos. Dice el Padre Nuestro:

«Perdónanos el mal que hemos hecho, así como nosotros [en la misma medida] hemos perdonado a los que nos han hecho mal».[2]

Mi Dios, te entrego y te permito intervenir totalmente en esta situación. Muéstrame la verdad y libérame de la necesidad de repetir este evento en mi cabeza junto al dolor de su recuerdo. Purifica mi corazón y hazme entender que esta situación que me sucedió es la excepción y no la norma de las cosas. Aunque no lo sienta en mi corazón, estoy dispuesto a perdonar para sanar.

Una oración similar a la anterior es más que suficiente para que Dios comience el proceso de sanación. No existe nada que atrase más tu evolución y tu propósito que el no estar dispuesto a perdonar, que elijas no dejar ir la historia sobre un hecho grande o pequeño cometido en tu contra. Existen personas que pierden una vida entera conservando el rencor por alguien que actuó contra ellas, negándose el gozo de vivir plenamente y culpando de lo ocurrido a esa persona por décadas, y a todo el que se cruce en frente; pero el verdadero perdón es entender que nada ni nadie pueden dañar tu corazón ni tu mente, a menos que tú mismo lo permitas. Esta falta de perdón es realmente causada por el miedo de dejar ir, por el orgullo. Algunos piensan que es preferible vivir atados al dolor de un pasado conocido, que arriesgarse a la posibilidad de recibir el bien de un futuro desconocido.

EL PERDÓN ES UNA NUEVA INTERPRETACIÓN

Muchas veces el dolor generado por una falta nada tiene que ver con el acto, sino con la interpretación y el valor que damos a la acción del otro. Guardamos la falta en nuestros corazones como un castigo hacia ellos, sin saber que somos nosotros los únicos que castigamos nuestro corazón por las quemaduras de nuestro propio fuego. Todo duele más cuando le atribuimos al agresor intenciones que nunca tuvo. Tenemos espejos con marcas propias que reflejan nuestros propios libretos de la vida, los que muchas veces revisten de falsas acusaciones los actos de los demás. A veces hasta nos atribuimos dotes de adivinación para justificar lo que creemos como cierto. El perdón es tan sencillo como elegir ver los acontecimientos de otra manera o al menos darle el beneficio de la duda a una disculpa.

En el perdón, no es difícil decir: disculpa, no fue mi intención. Sin embargo, son palabras que logran tanto.

PERDONO, PERO NO OLVIDO

La memoria de una falta no se borra, todo lo contrario, está hecha para ser recordada como referencia si es necesario, pero no para enloquecerte diariamente. Si pasas por un lugar con un peligroso hueco y consigues salvarte y no caer, necesitas recordarlo la segunda vez que pases por el mismo lugar para no recaer, o evitar el lugar por completo; ahora bien, si te salvas de la caída, ¿de qué te vale recordar una y otra vez el hecho, si no estás siquiera cerca del lugar? Recordar una y otra vez, por el deporte de herirte o herir a los demás, solo conseguirá amargarte; cada vez que recuerdas es como si echaras gotas de vinagre a un vaso de agua fresca que solo tú vas a tomarte.

EL PERDÓN ES UN PROCESO

No se perdona solo una vez. Es posible que un día se vaya el dolor, pero también es posible que en el peor de los momentos regrese la molestia de la falta producto de un hecho detonante imprevisto, como un comentario o una mirada. Si has entregado a Dios, te aseguro que este episodio pasará pronto. Perdona y perdónate una vez más. Recuerda la lección: el perdón no es una emoción, es una elección.

«Pedro fue y preguntó a Jesús: —Señor, ¿cuántas veces deberé perdonar a mi hermano, si me hace algo malo? [...] Jesús le contestó: —No te digo hasta siete veces, sino hasta setenta veces siete».[3]

Habrá personas que cometerán faltas hacia ti, con las que con suerte no tendrás que lidiar más. Siempre tienes derecho a colocar tus límites. Otras veces en la vida, por tu carácter de padre, hijo o guardián, te verás en la necesidad de perdonar faltas y defectos varias veces, y de la misma manera, alguien tendrá que lidiar con los tuyos. Esto no quiere decir que debamos aguantarlo todo, resignarnos, tolerar lo intolerable, no colocar límites, llamar a la ley o buscar ayuda profesional cuando existen situaciones inaceptables que lo requieren. Perdonar no es convertirnos en eternas víctimas.

DIOS NO ES VENGATIVO

La consecuencia de un error es el equipaje que, en tanto no estemos dispuestos a soltar, seguiremos cargando mientras sea necesario repetir, hasta aprender a discernir entre elegir el bien o el mal de alguna situación.

El verdadero perdón de Dios hacia cada cual es el regalo de la absolución; sucede cuando una falta ha sido sanada por la gracia del Espíritu Santo, y la liberación muy bien puede ser instantánea. Cuando hemos pedido la absolución a Dios desde nuestro corazón, eso se llama arrepentimiento.

Perdonar no es olvidar, pero, cuando entregas la falta a Dios, él se lleva el dolor de su recuerdo.

PROMETO PERDONARME A MÍ MISMO

Perdona y pide perdón por lo que ya no se puede cambiar. Si hoy tuvieras la oportunidad de ir al pasado y hacer las cosas de otra manera, te aseguro que lo harías; pero no es posible, porque esas elecciones fueron hechas desde un estado de madurez emocional, mental y espiritual del pasado lejano, al que no podrás regresar. No compares tu ser del ayer con quien eres hoy; no había manera de hacerlo mejor. No se puede arreglar el pasado con la conciencia del presente, pero sí puedes enmendar tus actos de hoy para no repetir la historia. A veces no es lo que hacemos y sí lo que dejamos de hacer, en ocasiones sin darnos cuenta; solo Dios conoce el corazón y la razón.

> Mi Dios, hice, falté, reconozco que estuvo mal y lo lamento.

EL GLACIAR DEL PASADO

Afortunadamente, todo mal es pasajero, pero solo si eliges dejar ir los sucesos del pasado y su historia. Si todavía sufres por un desengaño lejano y este sigue definiendo quién eres hoy, en tus conversaciones, en tus pensamientos y en tu vida, estás congelado en el glaciar del pasado. Para salir de este estado, el primer paso es darte cuenta; una nostalgia permanente es un buen indicio de que estás congelado en el ayer, que sigues «atascado» porque perdiste las esperanzas de una vida mejor. La buena nueva es que siempre y sin importar el tiempo que hayas pasado en el glaciar, con un poco de luz y del calor que brota del corazón de Jesús, es posible derretir su fría coraza y cambiar. Tu vida futura no tiene que parecerse al pasado, a menos que continúes repitiendo los hechos negativos en tu cabeza o en tus acciones del presente.

Una falta que no se ha perdonado puede comenzar una cadena que se extiende hasta la más lejana de las generaciones. El daño generacional no es una maldición, sino una creencia compartida que necesita ser sanada, perdonada, enmendada y entregada a Dios.

Al perdonar, dejas ir esas experiencias de tu pasado que ya no tienen por qué ser tu carta de presentación. A menudo conocemos a alguien, y la tragedia es parte de su currículo; es común escuchar a alguien recién conocido decir: «Yo soy, yo tengo y me hicieron».

La intención poderosa, unida a una fuerte y sencilla oración junto a la voluntad de autoobservarte, retomar tu poder, ser responsable por tus reacciones y dejar ir, son el primer paso para ver un mundo diferente.

PERDONAR A NUESTROS PADRES

He observado que la falta de perdón no solo afecta nuestro corazón, sino que interviene en otras áreas de nuestras vidas; es curioso ver cómo se repiten las mismas situaciones en otras áreas que no hemos perdonado. Sanar nuestra relación con nuestros padres sanará nuestras relaciones con nuestras parejas, nuestros hijos y nuestros jefes o compañeros de trabajo.

Por mejor intención que hayan tenido nuestros padres o nuestros encargados al criarnos, siempre habrá errores. Inclusive nosotros podemos captarnos con horror recreando con nuestros hijos lo mismo que prometimos nunca duplicar, producto de las lecciones sepultadas en nuestro interior por la crianza recibida de nuestros propios padres. Hoy es importante dejar ir todo, agradecer a tus padres por quienes fueron, hayan estado presentes o no, agradecer infinitamente si fueron buenos, perdonar eternamente si no fueron perfectos. Dales un abrazo si están presentes en este plano, envía tu amor si no lo están, pues los abrazos del alma son tan reales como los de la carne, y no importa lo que hayan hecho o dejado de hacer, su regalo de vida hacia ti no tiene precio.

Benditas las madres, puerta del cielo a la tierra de todas las almas. Ellas imitan en la tierra la labor de nuestra Madre en el cielo. Benditos los padres, porque ellos imitan en la tierra, la labor de nuestro Padre en el cielo.

Lo importante no es quiénes piensas que fueron o son tus padres, sino con qué ojos eliges verlos en cada momento, aunque ya no estén en este plano.

Mi mamá era descrita por muchos como una persona de mal carácter y «difícil». Era muy querida, muy amable y caritativa con todos en el pueblo, menos conmigo. A veces era totalmente irracional, me acusaba por cosas que nunca había hecho, se atormentaba por cosas que nunca habían ocurrido; yo la quería mucho, pero le temía igual. Nunca sabía cómo iba a ser mi día con ella, a veces era amable, otras veces era como un demonio. Años más tarde, ya a los setenta años de edad, cayó en una crisis en la que finalmente la llevamos a un psiquiatra. Lo que entendí allí lo cambió todo. Mi madre fue diagnosticada como bipolar. Entre otras cosas padecía de delirio de persecución, paranoia, y su carácter difícil no era mal humor, sino episodios psicóticos. Su condición no era nueva, porque probablemente la padeció desde siempre. No era abusiva ni difícil a propósito. Estaba enferma y bebía alcohol como una manera de automedicarse: en ese tiempo, las enfermedades mentales no estaban identificadas como ahora. Lloré mucho al saber la verdad, pero fue de alivio y al mismo tiempo un proceso de perdón, no para ella, pedí perdón por mí, por haberla juzgado; haber nacido con esas condiciones no era su culpa. Desde ese momento ya no la vi de la misma manera vil y manipuladora, sino como una niña enferma y desamparada que tuvo que haber sufrido mucho en su vida. En este caso, la diferencia entre el perdón y el rencor era un simple diagnóstico.

«Si pudiéramos comprender, no haría falta perdonar».[4]

EVITAR Y OBVIAR

La palabra *obviar*, que también significa evitar, dejar de nombrar o evitar obstáculos, es una que utilizo mucho en mis retos de perdón, especialmente cuando tengo tendencia a reaccionar por todo lo que me incomoda. La falta es un obstáculo al amor y a la paz,

porque las personas no siempre van a hacer lo que queremos y la
vida no es una continua alineación para mantener nuestra calma.
La mayor parte del tiempo, cuando no es algo grave que puedo
evitar en un futuro, coloco la falta en el buzón de obviar con un
proverbial «ni modo, es lo que es» dicho internamente, dos segundos antes de dejar ir la falta.

¿CÓMO PERDONA DIOS?

Antes de nacer en este mundo, Jesús sabía que llegaba a un lugar
donde regía la inconsciencia. Han pasado dos mil años, algo hemos
adelantado, pero todavía sus palabras deben ser nuestro bálsamo
de sanación en todo momento de reto. Podemos vivir prevenidos,
pero, cuando se nos olvide y seamos atacados o ataquemos por
nuestra propia inconsciencia, podemos recordar y sanar con las
palabras de Jesús en medio de la injusticia, repitiendo: «Padre, per-
dónalos, porque no saben lo que hacen»,[5] o: «Perdóname, Padre,
porque tú sabes que no siempre sé lo que hago». Ser humano es
imitar a Dios.

Si alguien rechaza el perdón de otra persona, está desprecian-
do una gran oportunidad. Tu vida comenzará a cambiar en la
medida en que estés dispuesto a perdonar y entregar la falta; para
que Dios te reescriba un nuevo presente, necesitas quemar las
páginas de tu pasado. Es nuestra elección si nuestro peor día dura
solo veinticuatro horas o si perdura por toda una eternidad.

«Y nada nos asemeja tanto a Dios como el perdonar».[6]

CAPÍTULO 8

Prometo *vivir* bajo su presencia y su gracia

Vivir abrazado por la presencia de Dios es vivir bajo la música eterna de su esencia.

*P*resencia significa sentir lo que no se puede ver. «Gracia» es estar en los brazos invisibles que nos cubren y nos regalan sus dones de fe, esperanza, paz y amor. Imagina qué diferente sería nuestra vida si a cada momento estuviéramos conscientes de que aunque pasemos desapercibidos ante los demás, Dios siempre nos observa, no en juicio, sino en protección y amor, y que cada cosa que haces o te sucede es un regalo. Imagina por un momento que si en vez de poner resistencia a lo que sucede o darte crédito por lo que haces, ofrecieras todo como un regalo hacia él, porque viniendo de él todo es un regalo para ti.

Vivir bajo la presencia de Dios no es solo la práctica de la atención consciente, que te invita a estar aquí y ahora. Imagina si, además de esa atención al presente, simultáneamente se viviera consciente de la presencia de Dios en nuestras vidas.

Encuentro que cuando se nos olvida su presencia, los momentos se reducen a un paréntesis sin propósito en el tiempo eterno de Dios.

El ahora solo tiene poder y propósito cuando podemos ver que Dios también está presente. Esto sucede cuando cada momento está entregado a él y es iluminado por los rayos de su esencia.

Alabar no es solo repetir cánticos para subir la autoestima de alguien, ciertamente Dios no lo necesita, sino que la mayor alabanza que podemos regalar a Dios es reconocer su presencia en todas las cosas, al invocar, permitir y actuar en su voluntad en cada momento.

DESPERTAR AL PRESENTE

Cada día es diferente, cada día trae su propio afán, sus propios vientos, sus propios retos, pero también su propio regalo. Si no lo puedes ver así es porque has permitido que la neblina de la rutina se estacione sobre tu cielo. La rutina que causa la pereza de admirar es la consecuencia de ignorar los regalos que Dios nos da en el presente. Nos cansamos cuando dejamos de ver y agradecer, al hacernos inmunes a las maravillas del día a día.

Solo el agradecimiento y el asombro por la grandeza de un nuevo presente pueden disipar el oscuro velo de la rutina y convertir un momento ordinario en lo que es: un verdadero milagro.

«Hoy, Dios te dio un regalo de 86.400 segundos. ¿Has utilizado alguno de ellos para decir gracias?».[1]

La rutina nos invade en los momentos en que nos dormimos a cada regalo del presente. Cuando el pasar de los días se vuelve una simple repetición, puede acabar con el mejor trabajo y la más bella relación. El fastidio no se sana buscando nuevas experiencias, sino observando lo conocido con nuevos ojos. Cuando prestamos atención, nos quedamos con la boca abierta, no como un bostezo, sino con un gesto de admiración; no por aburrimiento, sino mirando todo como una gran novedad. Reconocer significa conocer de nuevo. A veces estamos conversando y arrogantemente interrumpimos y decimos: «Ya lo sé», entonces nos perdemos lo nuevo; mientras que estar presente es todo lo contrario, es partir de la premisa de que nada conoces. Escucha. Cuando llevamos a Dios en nuestro corazón, vemos todo con nuevos ojos.

Los peores enemigos del presente se esconden, tanto entre las añoranzas del pasado, como en las expectativas ilusorias del futuro.

Hoy vivo en el presente, sin olvidar que los impactos de mis acciones afectan mi futuro para bien o para mal. Vivir en el presente no significa ser irresponsables y no ocuparnos del mañana, porque los planes del mañana solo podemos trazarlos hoy. Cada elección del presente es un paso hacia adelante o un paso hacia atrás en el camino, pero siempre hay un segundo antes de caminar; cuando ambos pies están juntos, eso se llama presente.

> Hoy prometo vivir en «la presencia de Dios» que es la acción de estar dispuestos y abiertos a participar totalmente en nuestras vidas, es amar y vivir, más allá de la mente y las palabras. Hoy prometo vivir bajo su presencia.

Cuando vives despierto a lo que pasa en tu presente, todo se convierte en gracia; en cambio, cuando vives distraído, hasta lo más maravilloso se convierte en hastío. ¿Qué es lo que está «robando» nuestra atención? El robo de los momentos ocurre sin que nos demos cuenta:

Nuestra mente a la deriva es la más sutil ladrona de los bellos «momentos». A veces valoramos más un

pensamiento pasajero, que un vívido, hermoso pero fugaz momento presente.

Donde está tu mente está todo tu ser; es mejor que esa mente esté en tu presente y en Dios. Si piensas en rencor tendrás rencor, si piensas en miedo sentirás miedo, porque aunque tengas lo que más amas al frente, si estás distraído, estarás ausente. Hoy regálate y regala a otros lo mejor que puedes dar de ti: tu atención, esos momentos que no vuelven. Abraza, ama, saborea, escucha, observa, ríe al tiempo que recuerdas que Dios está contigo, que él es la música de fondo que nos acompaña, aquella que a veces no escuchamos, pero que jamás nos abandona.

A veces no prestamos atención, pero, cuando un ser querido ha partido, nos damos cuenta de que lo que más añoramos son esos segundos ordinarios, pero que no volverán, ese abrazo, ese «si le hubiera dicho que lo amo, si le hubiera escuchado». El ahora es un regalo, y existe una razón por la cual al ahora también se le llama «presente». La única forma de recibir este «presente» (regalo) es estando despierto a su presencia divina en tu vida, la cual está por todo nuestro entorno. Mientras vives el momento, no piensas en el futuro ni en los problemas pasados, no estás categorizando y juzgando, ni pensando en cuántas maneras podrías mejorar lo que estás viviendo.

La nostalgia solo llega a tu puerta cuando el presente es ignorado.

No sé por qué tenemos la costumbre de guardar para luego los momentos de felicidad; como si de una cuenta de ahorro se tratara, guardamos el mejor traje, la mejor vajilla, la mejor cena, el más largo beso, pero el tiempo no puede guardarse para luego. El tiempo es lo más preciado, más que la vida misma, porque nuestra alma vivirá aun después de la muerte, pero el tiempo ya no será más y no puede recuperarse.

Los dormidos son los que viven el día a día automatizados, sin pensar nada más que en la supervivencia, motivados por la ganancia, por impresionar, midiendo su valor por los números de su cuenta de banco. Otros sobreviven arrastrando los pies, propulsados por el café mañanero; el otro extremo vive para el futuro, ahorrando para la posteridad, asegurando la pensión y el retiro, soñando con un futuro lejano idealizado, sin saber cuánto vivirán. Algunos viven de sus historias, con sus logros o desaciertos del pasado, culpando, añorando o arrepentidos. Al final todos sus esfuerzos son en vano. Nada podemos llevarnos.

Escuché una historia de una persona que ahorró toda su vida, nunca tomaba vacaciones, solo trabajaba y trabajaba para su retiro. Finalmente llegó el día de su retiro y esa misma mañana sufrió un derrame cerebral y quedó paralizado; todos sus ahorros se agotaron en los cuidados médicos. Esta es una historia de la vida real.

Nuestros latidos están contados. Por lo general tenemos cien mil latidos al día, pero nunca sabemos cuál será el último. Cuando encontramos el amor, esos latidos se duplican. Mejor acortar la vida por latidos de amor que alargarla por falta de pulso y pasión por la vida.

El tiempo se vive, pero no se derrocha, se aprecia. El dinero se administra, si lo perdemos podemos recobrarlo en otra ronda de negocios, pero el paso del tiempo es irreversible. Si no estamos presentes, la vida se nos escapa. Como la arena de un gran reloj eterno, cada grano que cae es un día y un segundo que no regresará. No se trata de lamentarnos ni culparnos de lo que dejamos de hacer, sino de despertar y tomar este tiempo para hacer lo que debemos hacer, brindando al presente todo nuestro ser.

Vivir en el presente es aceptarlo, no juzgarlo, no querer cambiarlo, aunque a veces amerita ajustarse. Son esos momentos aparentemente insignificantes de hoy los que se convierten en los buenos tiempos que recordaremos en el mañana. La vida no se trata de grandes momentos, sino de pequeñas gotas de experiencia. Mientras ocurren, no nos damos cuenta de que estos son los momentos felices del mañana. Es muy curioso que mientras estamos viviendo lo cotidiano, no nos damos cuenta de su valor. Es más fácil identificar cuando estamos viviendo un mal momento que uno bueno; por lo general, los buenos tiempos pasan desapercibidos, mientras que los malos tiempos son perpetuados.

Cuánto daría por ser adolescente de nuevo y ver la sonrisa de mi abuela, sentada en su sillón, al contarle por enésima vez sobre el chico que conocí. Cuánto daría por volver a cargar a mi hija en mis brazos, hoy adolescente, dormirla en esas noches interminables de bebé y otra vez correr tras ella en sus incansables días de los terribles dos, que ahora son tan añorados. También estoy consciente de que en pocos años daré cualquier cosa por escuchar su música de estruendo saliendo por las paredes de su habitación, sus carcajadas de adolescente y sus rebeldías. Muy pronto habrá silencio porque se habrá ido a la universidad. Así es todo en la vida.

> **El presente es un pasado por llegar, el pasado es un tiempo que añorar y el futuro es un tiempo por soñar.**

El familiar que tienes al lado un día se irá, o quizás seas tú quién se vaya primero. No se debe temer, sino valorar. El problema es que en vez de vivir el momento, no vemos la hora de que este tiempo pase para dar paso a uno mejor, pero no hay un momento mejor ni perfecto. En el libro *Dejadme ser mujer*,[2] su autora, Elisabeth Elliot, nos cuenta que luego de ser viuda por más de trece años y conocer un nuevo amor, sin tener ya juventud ni dinero, sabía que a pesar de ello podía ofrecer a este nuevo hombre algo que ninguna mujer podía darle: el regalo de la viudez, que es valorar cada segundo con él porque entendía lo que era perder un amor.

Vivir en balance significa estar en el ahora, despiertos, encontrando nuestra pasión y no solo nuestra pensión, sabiendo que estamos aquí para algo más que sobrevivir; nacimos para vivir.

VIVIR EN GRACIA

Gracias, mucho más que una palabra... Tomemos un momento para reflexionar sobre el significado real de la palabra *gracias*. *Gratia* en latín quiere decir honra y alabanza, pero su raíz en el origen significa: reconocimiento de un favor en voz alta. Entonces dar las gracias es el acto de reconocer el favor de Dios en voz alta.

Usualmente damos gracias a Dios después de recibir nuestras peticiones, pero se me hace muy curioso que en el caso de Jesús, repetidamente daba las gracias a Dios antes de recibir los favores de su Padre. Si miramos de cerca podemos ver que Jesús primero bendecía y agradecía la situación tal como la tenía al frente, con la certeza de que Dios ya lo había escuchado.

Cuando Jesús miraba al cielo y daba las gracias, acto seguido algo sobrenatural e inexplicable sucedía, como cuando miró al cielo y dio las gracias a Dios antes de resucitar a Lázaro,[3] e igualmente en la multiplicación de los panes y los peces;[4] Jesús siempre dio las gracias antes de que ocurriera el milagro.

Entonces he aquí el gran secreto: «gracia» no es una palabra, es un estado de conciencia, un estado de gracia donde ocurren milagros porque hemos elegido caminar con Dios; si el recibir la gracia es un regalo de Dios, el dar las gracias es un verbo, es la acción de ese estado de conciencia, es agradecer lo que no puedes ver, pero que Dios ya te ha concedido; igualmente es nuestra apertura para recibirlo. «Gracias» es la palabra clave que precede un milagro. Muchos temen lo contrario, que es vivir en des-gracia, que no es el resultado de una pérdida física necesariamente, sino el haber perdido el agradecimiento y la fe en Dios. Conozco personas que tienen todo y están en des-gracia y otras que, perdiendo todo, hasta a un ser querido, tienen la fuerza espiritual para dar gracias a Dios.

Des-gracia es haber perdido la gracia de Dios, lo que solo puede suceder por nuestra propia elección; pero por ese mismo libre albedrío podemos regresar, porque Dios nunca nos desampara.

Somos nosotros los que nos alejamos de su gracia. Al mismo tiempo, la gracia de Dios puede llegarnos en un momento inusitado, tanto inmerecidamente, como sin buscarla y sin pedirla. La gracia de Dios siempre nos acompaña, porque todo lo que nos rodea, al final es su gracia.

La gracia es el perfume amoroso del Espíritu Santo.

Tampoco pienses que lograr todo lo que quieres es indicativo de que has encontrado la paz y a Dios. A veces es lo contrario, y obtener lo que piensas que buscas puede hacerte perder la experiencia de Dios; otras veces el encontrar a Dios puede llevarte precisamente a perder lo que tanto piensas que necesitas, pero que realmente es un obstáculo en tu camino. Como bien dice un amigo: «En la vida, a veces perder es ganar».

En la vida he tenido mi buena carga de experiencias que bien pudieran ser catalogadas como grandes sufrimientos y pérdidas, pero en su totalidad, cuando me comparo con otros, me doy cuenta de que estoy bendecida. Existen mensajes que recibo en mi página de Facebook que no quisiera responder. Qué puedo decirle a una madre que pierde a su hijo, a una persona que pierde la vista, al que pierde una pierna, a quien sucumbe al cáncer, al que ha perdido a su familia en un accidente o en la guerra, que no sea que se aferre a Dios.

Hay otras cosas que se pierden en la vida, que no son tan graves, pero que igual traen sufrimiento, como perder la dignidad, la esperanza, el camino, la fe en el amor, el sentido de la vida, la compasión, las ganas de vivir o la compañía, pero nada puede ser peor que perderte a ti mismo, tu alma o perder la experiencia de Dios y su misma salvación. El presente no se puede evitar, ni las penas ni las alegrías, pero se puede prevenir parte del dolor al estar fortalecidos en el Espíritu de Dios. Solo se sobrevive una pena sintiéndola totalmente, solo se supera un dolor aceptándolo, pero al mismo tiempo entregándolo en las manos de Jesús, quien es el único que puede darte el verdadero consuelo, para luego dejarlo ir junto a las experiencias del pasado que no volverán. El ahora solo se hace vivo al agradecerlo, de otra manera se convierte en un recuerdo muerto, un simple pedazo de olvido.

Generosidad no es solo compartir lo material, sino dar a otros lo mejor de ti en cada momento.

Prometo vivir en su presencia y en su gracia donde todo ya está dado. Plenitud no es solo obtener abundancia material; también y más importantes son las bendiciones, como la plenitud familiar, de corazón, de ideas, abundancia emocional, de espíritu, de amor y de salud. He visto las familias más pobres, ante los ojos de la sociedad, que son ricos en bienes que no tienen precio. Bien dijo Jesús que no solo de pan vive el hombre.

Permite un milagro de agradecimiento en tu vida al seguir estos pasos:

1. Reconoce que existe un Dios que te escucha siempre, incluso antes de que verbalices tu necesidad.
2. Mira al cielo y da las gracias a ese Dios por la situación que te aflige.
3. Agradece a Dios por haberte escuchado.
4. Camina en paz, y entrega a Dios al decirle: haz tu voluntad, y gracias porque ya me has escuchado.

«El mar no recompensa a aquellos que son demasiado ansiosos, demasiado ambiciosos o demasiado impacientes. Uno debe descansar vacío, abierto, sin elección, como una playa esperando un regalo del mar».[5]

Es importante agradecer aunque no recibas lo esperado. El estado de agradecimiento es cuando sientes paz en medio de cualquier circunstancia, y vives agradecido y pleno con lo que tienes en el ahora. Es cuando tu paz no depende de las circunstancias afuera, pues en tu interior descansas en la certeza de que Dios y su gracia trabajan a tu favor. Sabes que con su sabiduría tus dificultades sanarán y lo que necesitas llegará, pues tus pensamientos y acciones siempre serán guiados hacia tu mayor bien.

Todos tenemos nuestros días, pero para vivir en el estado de conciencia del agradecimiento la mayor parte del tiempo, necesitas voluntaria, persistente y diariamente reconocer, pedir y permitir que la ayuda de Dios trabaje a través de ti. De otra manera seguiremos encadenados en la resignación o en la espera, y la vida es demasiado corta como para perderla esperando.

Hoy prometo recordar y vivir en su presencia. Hoy es un hermoso día para pausar antes de continuar y agradecer a Dios por la vida, por alguien, por algo, por lo que estuvo, por lo que es, por lo que no pudo ser, por lo que se fue, por lo que está, por lo que llegó, por todo lo que será...

CAPÍTULO

Prometo *soltar*, a nada me puedo aferrar

La crisis es lo que le ocurre a la oruga momentos antes de convertirse en una majestuosa mariposa, la catástrofe sería no dejar ir lo inservible para morir en el capullo.

MUCHOS PROBLEMAS, UNA SOLA CAUSA

Algunos lectores me dicen que aunque oran a Dios, no sienten que avanzan en el camino. «¿Por qué si hago todo lo que dicen que debo hacer, no cambian mis cosas?». La respuesta es que probablemente todavía no están dispuestos a dejar ir aquello que realmente les atrasa. Muchos queremos cambiar, pero no estamos dispuestos a soltar lo que interviene en nuestro bien.

Si el deseo de aferrarte al pasado es mayor que tu deseo de cambiar, habrá problemas, porque si tu libre albedrío elige algo diferente a lo que sabes que es mejor, aunque sea para mal, este deseo invalidará tus posibilidades de cambio. El requisito para elegir algo nuevo es dejar ir algo viejo.

La mayoría de nuestros problemas y situaciones de reto parten de la misma causa, vencer el apego, y la mayoría de las lecciones de espiritualidad para obtener la felicidad sugieren el mismo remedio: dejar ir. ¿Pero cómo?

¿CÓMO SE DEJA IR?

Se deja ir cuando se tiene fe en algo más grande que lo que no queremos soltar. El trapecista se suelta porque tiene la certeza de que le recibirán al otro lado. Mientras el trapecista salta de un lugar a otro, existe un momento de vacío en que se queda suspendido en el aire sin nada que lo sujete, su único apoyo es saber que el otro trapecista viene en camino y tomará su mano; para avanzar, el primer trapecista necesita dos cosas: tener fe y soltar. Cuando se está en el aire ya es muy tarde para mirar atrás. Una vez que se deja ir, se necesita elegir mil veces no tratar de retomar lo que estamos soltando. Si el trapecista mira hacia atrás un segundo, morirá.

La mayoría de nosotros no cambiamos ni dejamos ir situaciones que nos hacen daño, precisamente por el miedo a ese momento de vacío e incertidumbre. Todo sería diferente si tuviéramos la certeza de que habrá una mano al otro lado. La hay, es la mano de Dios.

No se deja ir solo una vez, a cada segundo de nuestras vidas, sin saberlo, estamos haciendo pequeñas elecciones que nos acercan o nos alejan de Dios. Cuando miramos quiénes éramos en un pasado, nos damos cuenta de que para ser quienes somos hoy, aunque todavía no seamos perfectos, hemos tenido que soltar muchas cosas.

A veces miro hacia mi pasado y aunque existe una parte mía que nunca cambiará en el interior, en el exterior pareciera que estuviera mirando la vida de otra persona. Ya no vivo en la misma ciudad en que nací, no como las mismas cosas, no me expreso de la misma manera, no me visto igual, no pienso de la misma manera. Ha sido un largo camino de nuevos aprendizajes, pero también de muchas despedidas. Algunas personas pueden decir: ¡cuánto has cambiado!, incluso algunas que no han cambiado pueden resentirse. La pregunta sería: ¿has cambiado para bien? Porque uno también puede cambiar para mal. Otra cosa importante es no olvidar de dónde venimos y las experiencias que hemos tenido, lo que nos ayudará a comprender mejor a los demás.

Vivo en un departamento, no tengo ático, pero sí tengo la llave de un pequeño almacén en mi propio edificio. Es el mejor testigo de aquellas cosas que todavía tengo que atender o soltar. Hace poco entré, abrí algunas cajas y encontré varios libros que por muchos años consideré indispensables. El cambio espiritual más grande que he tenido en mi vida ocurrió mientras escribía este libro. Antes que eso, mi filosofía no había cambiado mucho; básicamente descansaba en mis propios esfuerzos: «Mi mente crea mi realidad, y si puedo controlarla, todo cambiará». Tiene algo de cierto, pero una verdad incompleta se convierte en una mentira. Todo comenzó a variar al repetir: «Solo quiero la voluntad del verdadero Dios». Con nostalgia revisé los antiguos libros con un nuevo entendimiento y dejé ir decenas de ellos, junto a grabaciones de prácticas de difíciles meditaciones y figuras de diferentes diosas. Escondido encontré un gran libro olvidado: era la Biblia. Con ella he simplificado mi vida espiritual. Recuperé mi raqueta de tenis, unos libros sobre la vida de algunos santos, varios sobre la salud y otros de cocina. ¡Me había liberado!

QUÉDATE QUIETO

El plan de Dios para nosotros a veces no requiere tanta acción de nuestra parte, como estar dispuesto a estar presente, a obedecer y permitir. Permitir y dejar de interferir muchas veces es más efectivo que controlar y manipular, pero hacemos todo lo contrario, tenemos miedo y esto provoca que reaccionemos violentamente o que nos quedemos paralizados, alejando lo mismo que queremos o aferrándonos a lo que nos hace daño; nuestro apego e insistencia en quedarnos adheridos a un imposible por la causa que sea nos hace justificar cada razón que tenemos para no avanzar. La mayoría de nosotros decimos que soltamos, pero hacemos todo lo contrario, recurrimos a todas las formas de justificar el regreso al pasado.

Recuerda que como el sol, las bendiciones de Dios ya caen sobre ti, no necesitas buscarlas afuera, solo necesitas despejar tu mente un poco de lo que piensas que te hace falta, para reconocer todo lo que ya posees, cuando caminas con él.

La paz está en la quietud y en la certeza de saber que él es tu Dios.[1]

CÓMO «NO» SOLTAR

Existe una diferencia entre soltar y ser indiferente. Lo contrario al amor no es el odio, sino la indiferencia. Tampoco se trata del proverbial: «Que sea lo que Dios quiera», porque podemos caer en la apatía, en la falta de valentía y en la irresponsabilidad. En este caso, el supuesto soltar se convierte en un pretexto para no actuar. Se llama miedo. Seguir la voz de Dios requiere fe y valentía, al mismo tiempo que necesita de nuestra acción. Hacer que nuestra felicidad dependa de un desenlace específico es como atar nuestra vida a una cometa que se ha escapado de las manos de un niño en un día ventoso.

SENTIR LO QUE SEA NECESARIO

Dejar ir lo que no conviene tampoco significa que no tengamos el derecho de llorar y sentir tristeza por una pérdida. No sentir no es desapego, sino indiferencia, frialdad o negación de lo que sientes, de tu humanidad. El desapego que enmascara la falta de compromiso, que deja todo al vaivén del universo y que niega la tristeza, solo huye de su propia responsabilidad. Entonces descansa y deja ir, pero no dejes de asumir lo necesario.

**No porque algo te hace falta significa que es bueno
para ti.**

Las peores adicciones no son las más obvias, sino las pequeñas obsesiones o maneras de ser que constituyen parte de nuestras vidas y que son aceptadas tanto por nosotros como por los nuestros. Todos tenemos algo que cambiar.

**No te juzgues por lo que sientes, pero discierne lo que
haces.**

Casi todas las ansiedades que tenemos radican en algo terrenal que queremos, pero que no se da, o en algo que ya tenemos y tememos perder. Nada terrenal es lo suficientemente estable como para darnos paz verdadera.

**Vulnerabilidad es el poder de expresar sin miedo lo que
sientes y necesitas, sin temor a lo que otros opinen;
debilidad es que tu felicidad dependa de recibir la
respuesta que esperas.**

Los seres humanos tenemos la tendencia de adherirnos a una gran cantidad de cosas materiales que utilizamos para tratar de sustituir lo que nos falta espiritualmente. Tenemos una sed espiritual insaciable, pero siempre nos defraudamos cuando tratamos de colmarla por medio de personas, poder y pertenencias. Sucede así porque fuimos creados para soltarlo todo y adherirnos solo a Dios quien nos sacia de su fuente inagotable. Por eso llamamos a la experiencia de estar llenos de él «plenitud». Somos una sociedad con un gran problema de acaparamiento; de hecho, es una enfermedad. Es impresionante ver el tamaño de los armarios en algunas residencias. Muchos son tan grandes como la habitación principal. Acaparamos comidas, medicinas, zapatos y carteras. Incluso existen tiendas que solo se dedican a vender sistemas de organización para almacenar toda la cantidad de cosas que tenemos, y que ya no sabemos dónde colocar. ¡Qué sufrimiento trae el apego a las cosas! Es un gran peso en nuestros hombros, y se nos olvida que nada podemos llevarnos.

Es una realidad, mientras más vacíos de Dios, más cosas externas necesitamos; sin embargo, mientras más nos llenamos de él, menos necesitamos aferrarnos a cosas vacías. No se trata de darlo todo. Es no ser esclavo de lo que tenemos y no olvidar que una marca o un nombre de un diseñador en nuestra cartera o en la planta de los zapatos no va a darnos verdadera seguridad ni tampoco va a incrementar nuestro valor, si nosotros mismos no somos capaces de recordar que Dios es la única fuente de nuestro valor.

La libertad no es estar libre, es caminar sin ataduras...

ELIMINANDO LAS CONDICIONES DE LA FELICIDAD

A veces tenemos todo, pero nos aferramos a ese uno por ciento de nuestras vidas que no está como quisiéramos. No esperes a tener algo fuera de ti para ser feliz, para finalmente tener paz. Ten paciencia, y eso que tanto quieres vendrá a ti, pero quizás llegue de una forma muy diferente; incluso es posible que cuando lo recibas te hayas olvidado totalmente de la petición y sería lo mejor, porque esto quiere decir que has continuado viviendo. Todo tiene su tiempo. No puedes comer una fruta si no ha madurado. Quizás te apresures a arrancarla del árbol, solo para sentir su sabor amargo.

La visión interna y el verdadero sueño es ser feliz, viviendo el momento tal como es, sin perder de vista lo que puede ser.

La paradoja es que cuando dejamos ir el apego a lo que pensamos que queremos, nuestra máxima expresión y el sueño verdadero se hacen inevitables, aunque a veces no como lo visualizamos.

SUELTA LAS CONDICIONES
PARA SER FELIZ

Cuando tengas ansiedad, identifica y suelta ese algo que resistes o piensas que necesitas y te quita la paz (persona, cosa, situación), sabiendo que ese algo no es realmente el causante de tu ansiedad, sino el apego al desenlace de esa situación y la falta de fe.

> Mi Dios, hoy dejo ir lo que pienso que quiero a cambio de agradecer el ahora y recibir lo que sabes que necesito, cuando lo necesito.

Muchos te dicen que hay que esperar lo mejor de la vida, que no te conformes con menos, que el que pide y exige, más recibe, que subas la barra de las expectativas; pero yo aprendí a hacer todo lo contrario, a bajar la barra de las exigencias propias y que sea Dios quien me muestre, porque lo que Dios tiene para mí, no importa como luzca, es lo mejor posible, cuando se lo permito. Esperar lo que Dios quiere es la más alta expectativa.

¿CUÁL ES TU CONDICIÓN PARA
LA FELICIDAD?

- Si no lo tengo, no soy feliz
- Si no garantizo mi seguridad, no soy feliz
- Si no sale todo perfecto, no soy feliz
- Si no gano la discusión, no soy feliz
- Si no puedo lucir bien, no soy feliz

Al leer las Bienaventuranzas que nos dejó Jesús, vemos que su definición de felicidad era muy diferente a la que hemos adoptado:

Bienaventurados [Felices] los pobres de espíritu, pues de ellos es el reino de los cielos. Bienaventurados [Felices] los que lloran, pues ellos serán consolados. Bienaventurados [Felices] los humildes, pues ellos heredarán la tierra. Bienaventurados [Felices] los que tienen hambre y sed de justicia, pues ellos serán saciados. Bienaventurados [Felices] los misericordiosos, pues ellos recibirán misericordia. Bienaventurados [Felices] los de limpio corazón, pues ellos verán a Dios. Bienaventurados [Felices] los que procuran la paz, pues ellos serán llamados hijos de Dios. Bienaventurados [Felices] aquéllos que han sido perseguidos por causa de la justicia, pues de ellos es el reino de los cielos. Bienaventurados serán cuando los insulten y persigan, y digan todo género de mal contra ustedes falsamente, por causa de Mí. Regocíjense y alégrense, porque la recompensa de ustedes en los cielos es grande [...] Ustedes son la sal de la tierra.[2]

Prometo dejar ir lo que pienso que quiero a cambio de lo que Dios sabe que es lo mejor para mí. Suelto ese algo, que equivocadamente pienso que necesito para ser feliz, sabiendo que hoy, cuando estoy junto a Dios, soy un ser completo. Ayúdame, Señor, a no desear equivocadamente lo que no necesito, enséñame a agradecer y disfrutar de lo que sí tengo, viviendo en la paz y la certeza de saber que todo tiene su orden y su momento, y que la intensidad de mis preocupaciones, mi ansiedad y mi sufrimiento no lograrán acelerar ni controlar las situaciones, las personas ni el universo. Gracias porque sé que tu orden y tu sabiduría manifestarán el mejor desenlace posible en esta y toda situación en mi vida.

Soltamos naturalmente cuando, además de entregar, nos dejamos llevar, porque si lo permitimos, observaremos el flujo natural de las maravillas del orden de la naturaleza de nuestro Dios, que es más grande que nosotros, y armoniza nuestras vidas y nuestro entorno si le invocamos. Queremos controlarlo todo, pero ese todo ya tiene su orden. Existen cosas en este mundo que no necesitan conductor, como la digestión, la respiración, el amanecer, la lluvia, la gestación, la luz y el plan de Dios para tu vida. Ellas no necesitan conductor porque ya tienen uno.

EL APEGO ES MIEDO
DISFRAZADO DE CONTROL

Como el aceite y el vinagre, el miedo y el amor son incompatibles. Amar con miedo a perder lo que amas no es amor, es apego. Amor no es solo una linda palabra; si estamos vacíos, cualquier adulación o atención puede confundirse con el verdadero amor. El amor es acción; se demuestra, no se describe. El amor es paz, mientras que el apego es miedo a perder una presunta fuente de dicha, placer o seguridad, y es una de las mayores causas de ansiedad. Un amor no puede ser totalmente auténtico cuando se tiene miedo; no hay paz ni amor en la vida de aquel que constantemente necesita controlar al otro. Como bien nos dice Erich Fromm en su libro *El arte de amar*: «El amor inmaduro dice: "Te amo porque te necesito". El amor maduro dice: "Te necesito porque te amo"».[3]

No se puede frenar la travesía de la tierra ni se puede dirigir el flujo del agua de un gran río. No se puede frenar el amor, no se puede dirigir el cariño. Cuando el aferrarnos a lo que percibimos como única fuente seguridad, sustituyendo la de Dios, no nos deja vivir en paz, se convierte en nuestra jaula dorada. Sucede con el trabajo, con una relación o con el camino espiritual que una vez nos sirvió, pero que hoy debemos soltar.

Cuando entregas tus sueños y tus relaciones a Dios, él te ayuda a reconocer y mantener el balance perfecto. Escucha su voz en tu corazón. El verdadero desapego es cuando sueltas y encomiendas a él las personas y los resultados en tu vida. Cuando realmente entregas, luego de tus lágrimas te sentirás tranquilo, sin ansiedad, viviendo junto a una expectativa sana, sabiendo que él traerá el mejor desenlace, sea el que sea.

En el verdadero amor, cuando existe el compromiso y nos azota la tempestad es cuando más fuerte necesitamos abrazarnos para no perder al otro, pero, cuando no hay compromiso ni amor, una simple brisa puede derribar lo que ha tomado una vida construir.

El soltar no siempre se puede imponer por la voluntad, sino que es la consecuencia natural de haber entregado a Dios totalmente el resultado de algo que queremos que ocurra, que es cuando verdaderamente nuestras acciones y nuestros pensamientos son motivados por el amor.

SOLTAR LAS PERTENENCIAS

El navegante sabe que no es prudente aferrarnos en el camino, que la arena precisamente está compuesta de fantasmas y testigos del pasado con sus caparazones vacíos e incontables caracoles y almejas, que alguna vez fueron habitados por seres vivientes que ya no son. El mundo y el cementerio, igualmente, están llenos de casas y pertenencias vacías que alguna vez fueron ocupadas.

Muchos me preguntan cómo pueden tener más. La abundancia viene por la habilidad de dar, no por la habilidad de tomar. No viene por la cantidad de posesiones, sino por tu capacidad de agradecimiento y desprendimiento. Es un sentido interior que no tiene que ver con un número, sino con un estado de paz.

La pobreza no viene de cuánto tenemos, sino de cuánto pensamos que nos falta, y por el desbalance provocado por aquellos que solo quieren obtener de los demás sin considerar una vida en balance, que es la de dar en la misma medida en que se recibe. Lo decían los filósofos: algunos viven felices con poco y otros viven miserables con mucho.

En la naturaleza, las ardillas agradecen tanto las suculentas frutas de la primavera como las nueces secas del invierno, porque saben que la vida es en ciclos y el frío no es un castigo, sino parte del orden. Ellas no acaparan ni comparan.

La pobreza permanente no es parte del orden ni la abundancia de frutos tampoco. Somos muy malos administradores de este mundo que Dios nos dio; existen sequías y cosechas, entonces abundancia es nuestra habilidad natural de confiar en el que nos suple todo lo que necesitamos cuando lo necesitamos, es compartir cuando tengamos y recibir cuando nos falta; la avaricia, por el contrario, es la necesidad obsesiva de tomar lo que se desea, cuando se desea.

Nada es para siempre, la naturaleza lo sabe y no se aferra. El ermitaño lo entiende, vive en el caparazón que algún día dejó un viejo caracol. En realidad, la verdadera abundancia es saber que tal como el ermitaño, solo somos pequeños administradores temporeros de los bienes divinos; necesitas recibir, pero no puedes olvidar compartir en el contexto de un todo.

Soltar no es inacción, al contrario, es estar dispuesto a responder a la vida con pasión, a desatar las amarras, a navegar sin un ancla enterrada en la arena, previniéndonos el placer de experimentar, caminar y actuar para descubrir la voluntad de Dios.

La vida es un viaje, no un puerto seguro. No importa la ilusión que tengas de llegar a un destino específico. Una vez anclado en tu meta, te das cuenta de que nuevamente necesitas zarpar hacia otras tierras. Cuando tu norte es Dios, él se convierte en el verdadero objetivo del viaje de la vida, que ya no es llegar a nuevos destinos, sino navegar con él, amar y vivir el viaje tal cual, tanto con sus fuertes vientos, como con sus bonanzas.

En el crucero de la vida todos viajamos con ataduras, esas que vamos adquiriendo por el trayecto. Un apellido, una historia, un rango social, una pareja, un título, un puesto en una compañía, una máscara que esconde nuestro verdadero ser y que está hecha para darnos una falsa seguridad que a veces utilizamos para substituir al Espíritu de Dios. Con él somos mucho más que todas esas cosas.

Coloquemos nuestra atención en Cristo Jesús, el único navío verdadero. Junto a él, trascenderemos los mares, la arena y el cielo.

EL ARTE DE UN ADIÓS ES
ENTREGAR A DIOS

El arte de un bello adiós consiste en respetar, reconocer y agradecer las lecciones vividas con otro ser. En nuestra vida todo es temporal y existen finales que no podemos controlar, pero por lo general la experiencia de la partida será tan difícil o tan armoniosa como la calidad de lo vivido.

Hoy es buen día para decirle a Dios:

> Te entrego y suelto totalmente, dejaré ir lo irremediable,
> y si es tu voluntad, lucharé por lo que puedo arreglar.
> Mientras las cosas suceden o no suceden, mi felicidad
> no dependerá de ello, y no importa lo que pase, siempre
> me colmará tu paz.

La vida está llena de aperturas y finales, de una serie de momentos que terminan, experiencias que se acaban y gente que se va. El telón se levanta y comienza la historia, así mismo el telón cae porque hasta la mejor obra tiene su final. Se necesita dar importancia a los buenos comienzos, pero también es necesario estar presentes y aprender a cerrar con buenos finales.

El arte del adiós es vivir desde la premisa de que todo es transitorio, es no dejar para luego una linda palabra por decir, un agradecimiento por dar, una acción por tomar o unos buenos sentimientos por compartir, inclusive si son en medio de una despedida. Una vez que finaliza un capítulo, se necesita cerrar con la paz y con el perdón. Cuanto más tiempo pasa sin sanar una relación que acabó, más grande crecerá la ola de rencor y más difícil se nos hará erradicarla. Las cosas no necesariamente terminan porque no hicimos lo suficiente por mantenerlas, sino porque algunas situaciones simplemente llegan al final natural de nuestro camino en esta tierra.

La última hoja de otoño cae del árbol, no importa cuánto trate la rama de retenerla con sus brazos.

Lo único permanente es el amor de Dios, porque aferrarnos a todo lo demás es inútil. Dios siempre tiene algo nuevo para ti. En esta vida transitoria donde todo termina es posible que nos encontremos con situaciones inevitables, momentos de miedo y dolor en los que la duda nos invadirá. Es de humanos y no necesariamente significa falta de fe.

A veces cuando perdemos algo significativo en la vida, nos reencontramos con lo más importante: nosotros mismos.

Es posible tener paz en la peor situación, igual que es posible sentir ansiedad en la mejor situación. He visto enfermos que están en paz, pero también veo personas con todas las ventajas, que viven en angustia; la diferencia no es la salud, es la paz interior que llega por nuestra conexión voluntaria por medio de la oración, junto a Dios.

SOLTAR LA BATALLA CONTRA NOSOTROS

La peor guerra es la que libramos contra nosotros mismos. ¿Cuál es tu pensamiento «ataque»? ¿Esa historia consistente que utilizas para justificar el no vivir a tu máxima expresión y que te impide avanzar en algunas áreas de tu vida?

El ataque es un pensamiento de interferencia: ¿qué te dices a ti mismo sobre lo que piensas que no puedes lograr?

Algunos ejemplos:

- No puedo tener una relación amorosa feliz porque... (no soy digno de amor)

- No puedo tener el trabajo que quiero porque... (no soy inteligente)
- No puedo ser feliz porque... (no lo merezco, la vida es sufrimiento)
- No puedo ayudar a otros porque... (no tengo ni para mí mismo)
- No puedo orar porque... (no soy digno de hablar con Dios)
- No puedo ser saludable porque... (no tengo remedio)

Tu justificación (en paréntesis) es la interferencia que evita que la más alta voluntad de Dios y su bienestar se manifiesten en tu vida. Simplemente sustituye la interferencia por un pensamiento que sea coherente con la realización de tu sueño. Ejemplo: «Existe mi pareja ideal, existen personas buenas en este mundo, y el amor llegará a mí en su momento. Gracias Padre».

Los oídos omniscientes de Dios te escuchan, saben todo pedido y todo anhelo, y puedes estar seguro de que si está en total orden, tu pedido será concedido.

Ora así: Mi Dios, ¿qué palabras me digo en contra de mi propio bienestar? Muéstrame las nuevas palabras y el nuevo pensamiento, y hoy permito que tu bien llegue a mí sin interferencias. Amén.

DEJAR IR EL PASADO

No importa lo feliz o exitoso que alguien se muestre. Si te sientas un rato a hablar sobre las experiencias de su pasado, te sorprenderás de que cada persona tiene «su historia y su biografía». Yo la llamo el «currículo personal», otros le llaman la «pedagogía del alma». Todos, sin excepción, hemos experimentado y viviremos diferentes lecciones desagradables, a veces al parecer sin sentido. ¿Cuántos tenemos un futuro que añoramos y otro que rechazamos? Pero la vida es aceptarlos como parte natural del jardín de las experiencias: algunas flores con color, otras con espinas, a veces con ambas cosas.

Si cambias el pensamiento, si perdonas, si aprendes la lección, existen menos probabilidades de repetir un error; el pasado tampoco define quién eres en el presente.

Ora así: Mi Dios, aunque no siempre comprenda el porqué de algunas experiencias, gracias por todas las lecciones que he experimentado. Dejo ir el pasado y las asumo como necesarias en mi camino, para no repetirlas, aprender de ellas y ayudar a los demás.

La Ciudad de la paz

Una vez un caminante anhelaba llegar al hermoso destino que se llamaba la Ciudad de la paz. No caminaba solo, a su lado pasaban muchos viajeros con el mismo deseo de llegar a este lugar que le habían contado que era de paz, amor, belleza y tranquilidad.

Transcurrían los días y seguía la travesía, pero el caminante no entendía por qué él arrastraba sus pies, mientras otros pasaban a su lado trotando y hasta bailando. Llegaban las noches y los días hasta que, a uno de esos que viajaba bailando, el caminante le preguntó: «Oye, amigo bailarín, ¿puedes decirme por qué no avanzo en este camino?».

El bailarín, que en realidad era un ángel, se rio mucho y le dijo:

«Pero es que no vas solamente caminando, también vas arrastrando todo ese equipaje». El caminante cargaba con una cadena de siete maletas pesadísimas, llenas de polvo, barro y mal olor. «Ven, te ayudo, miremos qué hay dentro de esas viejas maletas». Con resistencia, el caminante sudoroso asintió y así comenzaron a abrir cada maleta, y esto fue lo que encontraron:

1. *Recuerdos del pasado.* Al abrir la primera maleta, vio los malos recuerdos de su niñez y de todo lo que había transcurrido en su vida, a lo que él se resistía, y supo que desde entonces tenía una gran carga de dolor.

2. *Miedo.* La segunda maleta estaba llena de todos los miedos y las inseguridades que fue coleccionando a través de su vida. Miedo a la muerte, a perder la seguridad, a hacer el ridículo, a ser traicionado, a ser un fracasado y un perdedor.

3. *Culpa.* La tercera maleta estaba llena de gran culpa por todos sus errores del pasado, por no haber sido mejor ser humano y por las frustraciones de no haber logrado la mayoría de sus metas.

4. *Falta de perdón y rencor.* La cuarta maleta estaba llena de falta de perdón, rencor y deseos de venganza por todo el mal que habían hecho en contra de él desde su nacimiento.

5. *Las preocupaciones del presente.* En esta quinta maleta estaba todo lo que no podía controlar, todas las cuentas por pagar, los problemas de la familia, las situaciones en el amor, las enfermedades y los conflictos en el trabajo.

6. *Nostalgia del pasado.* La sexta maleta estaba llena de los mejores días del pasado, de los seres que vivieron y que ya no estaban, de los buenos tiempos. El caminante comprendió el porqué debía dejar ir todas las maletas anteriores, pero seguía sin entender por qué dejar los hermosos recuerdos del pasado, lo único que él

creía tener en sus manos. El bailarín le dijo: «A veces lo mejor del pasado es precisamente lo que evita que disfrutemos de lo más bello del presente. Lo bello del pasado lo mantienes en tu corazón, pero no en tu mente, ocupando el espacio que necesitas para disfrutar de tu presente sin comparaciones y crear un futuro nuevo sin las referencias del ayer y sus distracciones».

7. La última maleta era la más difícil de soltar, porque aquí estaban *las expectativas del futuro:* todos los nuevos anhelos, sueños para el mañana, la seguridad de estar acompañado en la vejez, seguro, en paz, feliz y tranquilo. Todo ello, aunque eran bellos deseos, también le creaban ansiedad; le producía miedo no poder lograr la tan anhelada felicidad.

El bailarín al fin convenció al caminante de ir con él a un lugar especial donde podría dejar seguro su equipaje. El caminante no estaba del todo convencido, pero fue.

Cuando llegaron, el caminante se sorprendió de ver lo que parecía una gran terminal de aeropuerto, llena de billones de maletas de todos los tamaños y colores; en realidad más que un aeropuerto parecía un basurero, lleno de neblina gris, del cual salía un olor muy fuerte. Las maletas hacían una gran montaña que casi tocaba el cielo rojo y gris.

El caminante pudo ver entre la neblina un rótulo que decía Parque de la voluntad de Dios.

El bailarín le dijo: «Ahora o nunca amigo; es tu hora de soltar lo que te pesa en el Parque de la voluntad de Dios». El caminante eligió soltar todo su equipaje, pero se sorprendió al escuchar que soltar no era suficiente. Todavía le quedaban dos condiciones. «¿Cómo? Lo he soltado todo», dijo, «¿qué más tengo que hacer?».

«La primera condición», le dijo el bailarín, «es amar a Dios sobre todas las cosas, y la segunda, amar al prójimo como a sí mismo». El caminante no entendía cómo probar estas condiciones.

El bailarín le dijo: «El solo hecho de hacer la voluntad de Dios al entregar todas estas cosas muestra tu amor y confianza en él sobre todo lo demás». Pero el caminante no entendía cómo iba a probar el amar a todos.

Cuando el caminante colocó la última maleta, un gran rayo de luz cayó sobre él, cegándole y haciéndole caer al suelo. Cuando volvió en sí, vio que todo aquel lugar horrible se había transformado en un hermoso paraíso, lleno de árboles, flores, cielo azul, y por doquier se respiraba un delicioso olor a rosas. No solo eso, la ansiedad, la depresión y la angustia habían desaparecido.

El bailarín le recibió con una sonrisa y justo a su lado pudo reconocer una presencia con los ojos más amorosos que nunca había visto, que tendiéndole la mano le dijo: «Bienvenido a la Ciudad de la paz, te estaba esperando». Era Jesús.

El caminante no podía creerlo, lloraba de felicidad cuando vio que su amigo bailarín partía en un coche muy desgastado. «¿A dónde vas amigo? ¿Cómo vas a dejar este lugar que es una belleza?». El bailarín le respondió: «Voy a rescatar a otros caminantes para decirles cómo llegar a este lugar». Sin pensarlo dos veces, el caminante besó los pies a Jesús y se fue con su amigo a ayudar a los demás a encontrar el camino. En ese momento, el caminante había entendido la última condición: «Amarás a tu prójimo como a ti mismo».

Hoy prometo soltar a la voluntad de Dios todo lo que me pesa.

Una vida auténticamente libre no es una elección de desapego, sino un regalo de gracia como consecuencia de caminar con él. No se trata de soltar algo, sino de recibir

el regalo de gracia; a partir de ese día, te darás cuenta de
que ya no es necesario aferrarse a nada efímero, porque
nuestras manos y nuestro corazón ya estarán colmados de
su ser.

Cuando comienzas a caminar con Dios se te mostrarán esas
áreas que necesitas cambiar, pero para seguir a Dios necesitas soltar todo aquello que sin saber colocas en su lugar. La luz comienza a brillar cuando aceptamos que solos no podemos caminar con
el quinqué que se apaga. Necesitamos la antorcha y el faro inagotable de nuestro Dios y Creador para iluminar nuestro eterno
camino.

La invitación más valiente que puedes hacer es:

Dios, te permito, te cedo el permiso para que tomes
control y dirijas junto a mí todas las áreas de mi vida; te
suelto en especial las que no quiero cederte, porque son
esas precisamente las que más miedo tengo de soltar y
las que más dolor y sufrimiento me ocasionan.

Prometo *ser* su instrumento en cada lugar y cada momento

«*Si servir a Dios es el fin de nuestras vidas, todo lo demás es solo el medio para lograrlo*».[1]

—SAN IGNACIO DE LOYOLA

¿Cuál es mi propósito? Esta es la gran pregunta existencial del ser humano, pero la mayoría considera el propósito como una meta: «Tengo el propósito de terminar la universidad», o quizás sea bajar de peso. Pero en esta promesa no nos referimos a una meta personal ni a una intención, sino a la respuesta a la pregunta: ¿cuál es mi razón de ser? La búsqueda del propósito quizás no sea tanto una odisea como una quietud para escuchar el llamado del alma. Es la necesidad innata que todos tenemos de encontrar ese algo más que al fin dará sentido a nuestras vidas, esa pieza que nos falta y que nos hace sentir incompletos y vacíos.

¿CUÁL ES TU ORIGEN?

El origen significa la familia a la cual perteneces, junto a las coordenadas de tu procedencia. Esa es la primera causa y es la primera pregunta. Vivimos en un mundo desorientado, donde muchos consideran la perspectiva de que la tierra es todo lo que existe, que no hay un Dios Creador ni un tiempo después de la muerte, que no hay motivo ni razón de ser y que las cosas son porque son, sin causa para que existas. ¿Cuál sería el sentido de la vida, si después de tanto afán quedáramos olvidados, convertidos en polvo galáctico? Esto es solo una limitada percepción de los que han olvidado su verdadero hogar.

Aunque nosotros olvidemos quiénes somos y a dónde vamos, Dios no nos olvida, porque aunque a veces así pareciera, como buen pastor, nos recuerda y nos conoce como a cada una de sus ovejas; para él tenemos una identidad única e inolvidable en la eternidad, porque solo él sabe para qué fuimos creados. Todos tenemos una razón de ser y un don especial para lograrlo. Existimos gracias al suspiro de su Espíritu, somos quienes somos por el solo hecho de que él nos ama.

«Hasta los cabellos de la cabeza él los tiene contados uno por uno».[2]

Es cierto que en este planeta todos somos extranjeros; pero, al mismo tiempo, no debemos olvidar que somos herederos de la ciudadanía de nuestro verdadero hogar en el cielo. El pasaporte requerido para el regreso será el deseo de volver al Creador por medio del camino que nos trazó y que fue revelado por su Hijo, y para obtenerlo necesitamos renunciar a todo aquello que no es él. Entre los sellos que llevará el pasaporte no están nuestros logros personales, sino los que hemos conseguido con nuestros dones espirituales. Si Dios es la luz, ¿por qué nos empeñamos en caminar en la oscuridad? Si Dios es amor, ¿por qué muchos caminamos en el miedo?

El vacío que masivamente siente la humanidad se debe a que la mayoría ha olvidado su verdadera casa. No debemos negar el lugar donde nos encontramos, pero tampoco podemos perdernos en él de tal manera que olvidemos hacia dónde vamos.

Algunos dicen que tú eres un accidente, pero no estás
aquí por accidente. Tienes una razón de ser, un Padre,
un lugar-cielo y un Reino al que regresarás.

«Somos ciudadanos del cielo».[3]

Dios nos hizo con un prototipo, un diseño especial: fuimos
hechos a su imagen y semejanza, y nuestro más grande propósito
al final es imitarlo a él.

El propósito entonces es la razón de ser de algo o de alguien;
por ejemplo, el propósito del oxígeno es llevar vida a todos los
seres vivientes. Existen trillones de células que viven en el cuerpo,
cada una sabe su misión específica para el bien común, y sigue sin
resistirse las directrices silenciosas de la gran inteligencia de Dios,
que coordina todos los propósitos de este universo. Pero siete
billones de seres humanos viven en la tierra. ¿Cuántos de ellos
realmente conocen su propósito o están dispuestos a cooperar
con su alianza?

EL LLAMADO

Aunque no sepas certeramente cuál es tu destino, tu plan interior,
al igual que el de una semilla, ya está asignado y tiene dentro de sí
el diseño perfecto con todas las cualidades necesarias para expresarse. Solo necesitas orar y permitir que se te demuestre ese plan.
Para encontrarnos a nosotros mismos, primero precisamos de Dios
para que las raíces crezcan fuertes, rodeadas de valores, y las ramas
se extiendan para regalar de sus propias semillas a los demás, con-
tinuando con el legado de Dios, confiando en él y en su luz, sin
tratar de adoptar ni forzar en ti los sueños o deseos de otros; o sea,
los diseños de otras semillas.

Existe un orden, cada planta tiene su labor en la ecología del
mundo y viene a trabajar en sinergia con otros frutos, minerales y
animales. Cuántas veces forzamos a nuestros niños para convertirlos

en un árbol equivocado, cortamos sus ramas y matamos su fruto antes de nacer. ¿Cuántas veces tú mismo has cortado tus ramas, has dudado de la voz del corazón y has tratado de ser alguien diferente a tu naturaleza? Entonces hoy, antes de seguir tu día, sería válido preguntarte: ¿qué árbol soy?

SER HERRAMIENTA

Cuando reconocemos que hemos nacido para servir a Dios, la búsqueda de esa razón de ser nos lleva por un camino muy diferente al que piensa que ha nacido para servirse a sí mismo.

La palabra *servir* proviene de «siervo», pero aquí no en el sentido de martirio y falta de derecho, sino como alguien que trabaja voluntaria y alegremente en comunión con Dios. Un siervo es aquel que lleva el mensaje de la buena nueva de Dios a otro.

El gran árbol es un mensajero de vida, nos brinda oxígeno, sombra, fruto y medicina. Su regalo no es exclusivo, ni tiene condiciones, ni exigencias de pago; vive dentro de una armonía que responde a las leyes básicas de la naturaleza, las directrices de Dios, ese sentido común que el ser humano ha perdido. No es preciso decirle al árbol que necesita asignar un tiempo para servir, pues su vida misma ya es un servicio. Cuando vemos el propósito en la naturaleza, observamos cómo su sentido siempre es para dar, nunca para sí mismo. Recibe lo necesario, da lo necesario. La naturaleza es una gran cadena de amor. El propósito para un ser humano sería la respuesta a la pregunta: ¿cómo puedo brindarte mis talentos?

Vivíamos felices hasta que nos convencieron de que no éramos suficientes y que no había suficiente. Nació el consumismo, ese afán de poseer más allá de lo que necesitamos. Igualmente nació el fracaso, al pensar que tenemos mucho menos de lo que debemos; la inferioridad de pensar que para ser felices, sobrevivir y ser aceptados necesitamos obtener nuestro valor por las cosas de este mundo. No necesitamos más vendedores de deseos ni magos mostrándonos cómo hacer realidad más sueños. En su lugar necesitamos personas que regresen a Dios para decir la verdad. En vez de aprender a vender, necesitamos desaprender el vicio de comprar lo que no necesitamos.

> En este mundo la motivación se acaba en la consecución de una meta, pero la fe nunca termina, porque nos llega desde el mismo cielo y es eterna.

Cuando se piensa que este mundo es todo lo que queda después de la vida, nuestros esfuerzos serán dirigidos a tomar todo lo que se pueda, ahora. En cambio, cuando se recuerda que solo somos administradores temporeros de la tierra y que nuestro hogar no es de este mundo, nos daremos cuenta de que el propósito no es buscar cómo ganar más, sino cómo dar más. Es encontrar nuestro lugar para arreglar esta cadena rota y ser el pequeño eslabón que mientras ayuda, no se olvida del regreso.

¿Qué hacer hoy? No se trata de regalarlo todo ni arreglarlo todo, tampoco de dejar atrás tus sueños de estar más cómodo o quizás, si eres un empresario, de ofrecer un producto más afín con tus valores. Pero ¿de qué te vale toda la comodidad del mundo si no tienes tiempo, paz ni sentido de vida para disfrutarlo? La paz, el tiempo y el propósito no tienen precio. El talento tampoco es una escalera ni una carrera (mal nombre por cierto); es nuestro lugar en este mundo para mejorarlo, no solo para beneficiarnos.[4] Muchos hablan de subir la escalera corporativa, pero muy pocos hablan de subir la escalera espiritual que nos lleva al cielo.

No nos sentimos infelices por no encontrar el propósito, sino por no haber encontrado a Dios. La infelicidad mira constantemente hacia sí misma y lo que le falta, mientras que la paz del propósito verdadero viene de mirar alrededor, agradecer y preguntar: ¿cómo puedo remediar, cómo puedo ayudar, cómo puedo ser instrumento de Dios para brindar lo que les falta a los demás? ¿Cómo puedo compartir sus buenas noticias? El propósito no es una búsqueda que culmine con un encuentro consigo mismo ni con un solo don, sino que es una pregunta perpetua: ¿en qué puedo contribuir en este segundo al plan de Dios para hacer este mundo mejor, para que los otros regresen a su voluntad?

> Prometo no olvidar que encontrar el verdadero propósito no es en un solo instante. Es un trabajo diario de estar dispuesto a escuchar y ser instrumento de Dios en cada momento, en cada segundo y en cada situación; es estar despierto y dispuesto a servir una vez más, a amar una vez más, con cada nuevo latido de mi corazón.

Las lecciones en la vida, esas experiencias que te han marcado, no son un castigo ni tampoco son en vano; si puedes utilizarlas como parte de la universidad del propósito, no están perdidas.

«Muchos son llamados, pero pocos escogidos»,[5] no porque Dios no los escoja, sino porque la mayoría no lo elige a él. Todos podemos y tenemos el derecho de elegir el regreso y ser su instrumento al invocar su presencia, la cual sin duda será revelada de la forma menos esperada.

En el universo no existe la escasez de ideas y propósito, tanto como la escasez de quienes tienen la valentía y están dispuestos a llevarlas a cabo. La escasez de los que están dispuestos no viene por la falta de recursos, sino por la falta de confianza en nosotros mismos y en un orden mayor que puede guiarnos a nuestro propósito verdadero y que, si lo permitimos, siempre suplirá todas nuestras necesidades para llevarlas a cabo.

No tienes que ser el más talentoso ni pretender ser perfecto. A veces no es necesario estar entrenado o educado, ni tampoco es estar libre de miedos o sin recursos. Cuando trabajas para Dios todas las puertas se abren; él nos da su valentía y su fuerza, siempre y cuando le invitemos y estemos dispuestos a dejar el pasado, los miedos y la falta de confianza, para hacer nuestra parte. Su protección y guía junto a tu propia fe te llevarán por caminos impensados, y desde ese momento su abundancia y protección siempre serán tus compañeras de viaje.

EL MIEDO NO TIENE QUE SER UN IMPEDIMENTO EN LA VIDA

«No tengo miedo, nací para hacer esto».[6]

La verdad es que tengo mucho miedo de hablar en público. Afortunadamente no estoy sola; este es uno de los miedos más grandes y comunes del ser humano, claro, después del miedo a la muerte y el terror de «hacer el ridículo».

Este miedo no es real, y la forma de vencerlo es cuando recuerdo que estoy ofreciendo un servicio y que Dios tiene un mensaje importante para ese público. Entonces acepto mi miedo y se convierte en un reto. Ayuda mucho orar antes de comenzar. Yo hago la oración del Padre Nuestro e invoco a Jesús. El remedio es imaginar a Jesús a mi lado. Si él camina conmigo, ¿a quién puedo temer; esa es la ventaja de un Dios personal. No hay duda de que, además de la oración, la preparación y la práctica son necesarias, y no debe haber miedo de ser principiante al recordar que existen cosas que aprenderás en el camino. El miedo, cuando es precaución, a veces ayuda; he cometido los errores más grandes por estar muy confiada, así que el miedo puede ser una alerta necesaria para esa preparación. Dios es mucho más grande que toda situación, con él igualmente creces en valentía y seguridad.

Cuando recuerdo que se trata de Dios, el miedo se va.

Cuando quito el pensamiento de mí misma y me entrego a él, aunque no hable bien, aunque no luzca perfecta, aunque se me olviden las palabras, si quien me escucha puede percibir que es importante para mí, la misión está cumplida.

Mi Dios, prometo ser tu instrumento en cada lugar y en cada momento. No temeré porque te invocaré cuando tenga miedo. Hoy te entrego mis sentimientos, mis

miedos y todas mis emociones; sana mi alma, enséname
a aceptar y a tener paz ante los grandes retos de la vida.
Sé que siempre estoy protegido, hoy recuerdo que contigo nada tengo que temer.

«Compénsame de lo que carezco, quiero hacer tu voluntad».[7]
Encontrar nuestro propósito conlleva esfuerzo y persistencia,
pero nada es más agotador que tratar de evadirlo. Nos pasamos la
vida huyendo de nosotros mismos, escondiendo nuestro ser auténtico tras corazas de miedo y protección. Cuánta lucha para nada,
para tratar de sobrevivir al conformarnos con las limosnas de aprobación de este mundo, a cambio de esconder quiénes somos verdaderamente. El pago es muy poco, y el costo, demasiado alto:
negarnos a nosotros mismos y negar al Creador, y al mundo el
beneficio de nuestro regalo. Antes de salir a buscar el propósito,
primero se necesita buscar a Dios.

No tengo miedo a morir, más bien temo a tener que partir
sin haber dejado la huella de mi verdadero propósito.

DIFERENCIA ENTRE SUEÑO Y DESEO DEL EGO

Existen sueños de Dios y deseos del ego. El sueño verdadero
expresa y da amor, mientras que el deseo necesita de un buen
resultado para obtener su valor. No todos los sueños son parte de
tu plan; existe una diferencia entre un sueño y un deseo del ego; el
vacío no sueña, desea tener lo que quiere. Reconoces un deseo del
ego cuando sientes ansiedad por alcanzar el objetivo de llenar ese
espacio, porque se te va la paz y te llenas de un sentimiento de
malestar poco saludable que se llama «ansiedad».

El sueño nace de un corazón lleno para compartirlo, mientras
que el deseo nace de un corazón vacío para llenarlo.

El deseo de mejorar es un anhelo válido, y todos tenemos el derecho de sentirlo, pero, cuando este anhelo se convierte en una condición para la felicidad, no es esperanza, sino añoranza, porque en vez de un sueño que viene de un corazón lleno para darlo, el deseo se convierte en una cadena que no te permite caminar y disfrutar de lo simple y hermoso del presente.

Un deseo que te quita la oportunidad de disfrutar tu paz no es un sueño. Es una distracción de lo único que tienes y no regresa, el tiempo presente.

El sueño se forja para dar y compartir, mientras que el ego confabula para tomar y sobrevivir.

Cuando un sueño verdadero no se da, agradecemos y esperamos algo mejor; mientras que cuando no obtenemos un deseo del ego, sufrimos y pensamos lo peor porque equivocadamente creemos que (conseguir el deseo) es indispensable para nuestra supervivencia.

Ora así: Dios, dame el sueño por medio del cual pueda manifestar mi más alto bien y el de los demás.

Cuando sientas que tienes un sueño, ora a Dios, suelta el resultado, confía y vive en el presente con amor, y Dios te sorprenderá con ese sueño o con uno mejor.

¿PUEDO HACER QUE MI MENTE ENCUENTRE EL PROPÓSITO?

Muchos hablan del poder de la mente y el pensamiento. Si albergas pensamientos negativos recurrentes, crearás miedo y angustia, y un corazón angustiado y aferrado a lo que quiere no es capaz de elegir correctamente. Pero una mente llena de positivismo, si no tiene a Dios, tampoco garantiza que elijas lo que es necesario para ti; una mente impetuosa puede lograr muchos de sus deseos, aunque estos cuesten la salud, las finanzas y la familia. Esto no es poder mental ni positivismo, sino ambición desmedida. Una mente poderosa, pero sin la sabiduría y guía de Dios, puede llevarnos a ignorar las señales de peligro y provocar que nuestro discernimiento se limite solo a lo que concuerda con nuestros deseos. Tienes derecho a una justa recompensa por tu trabajo, pero ir tras lo que se quiere, a pesar de abandonar o colocar en peligro tu integridad, no es mentalismo, física cuántica, ley de atracción o magia; es consecuencia de un enfoque errado, porque no siempre lo deseado es lo que conviene. La vida no se cambia solo por cambiar tu mente o tu ambiente.

«Cambias tu vida cambiando tu corazón»,[8] nos recuerdan las bellas palabras de Max Lucado, porque solo Dios puede transformar tu corazón y solo un corazón guiado por Dios puede darte vida. No es cambiar tu entorno ni buscar el arreglo de la vida por medio de logros y objetos, sino transformarla desde el interior. Todo lo que añades a tu vida externamente es una decoración, no un refuerzo verdadero a sus cimientos. Un árbol es tan frondoso y fructífero como la salud de sus raíces y cuán arraigado esté al terreno, así también nosotros seremos tan saludables y fuertes de acuerdo a cuán aferrados estemos a la mano de Dios.

Antes de embarcar hacia la conquista de tus sueños, despréndete un momento de tus ardientes deseos. Ve nuevamente y en silencio, y entrega tus anhelos a Dios. A veces la distancia y el tiempo son los mejores aliados para un buen juicio. Podemos poseer grandes conocimientos intelectuales, grandes ideas y grandes fortunas, pero si para encontrar el propósito, en vez de preguntar: ¿cómo me ven los demás, qué puedo conseguir, cómo puedo hacer para que me amen y me admiren más?, nos preguntáramos: ¿cuál es nuestro origen, hacia dónde vamos, qué nos mueve día a día, qué quiere Dios de mí?, nuestras acciones serían muy diferentes.

El mayor riesgo de caminar en la tierra no son los peligros de ella, sino el riesgo de olvidar quiénes somos. El gran problema de no recordar quiénes somos es que también corremos el riesgo de olvidar a quien nos creó.

Cuando se está ocupado actuando con amor por el verdadero propósito, ya no hay tiempo de mirar al pasado, añorar el futuro o juzgar el presente. Pero, cuando se está demasiado ocupado en nuestro trabajo sin tiempo para escuchar a Dios, esto tampoco es plenitud, sino un obstáculo para escucharle. La verdadera plenitud es reconocer que absolutamente todo viene de Dios, que nada nos pertenece, que todo es prestado, y que necesitamos aprender a ser instrumentos y administrar sus dones, con sus instrucciones y voluntad.

El que la vida tenga sentido está más en la aceptación, la obediencia del propósito y el servicio, que en la búsqueda volcada para sí mismo por medio de un materialismo disfrazado de espiritualidad, buscando tener más por la manipulación de principios, y hasta de Dios, para alcanzar lo deseado, lo que viene precisamente por todo lo contrario al agradecimiento, el propósito y la abundancia, cuya verdadera cualidad es el estar dispuesto a dar sin esperar nada a cambio.

La abundancia viene de saber que tu fuente proviene de lo divino, que tu valor está sellado por quien eres en el alma, no por lo que tienes en la materia. Es ser feliz y agradecer *hoy* lo que tienes, ya sea poco o mucho, y tener la certeza de que cada día recibes de él lo necesario y lo justo para llevar a cabo tu propósito. Tienes derecho a tu recompensa, a la abundancia, a la prosperidad, pero no a costa de tu paz interior o de tu integridad.

El comparar constantemente nuestras pertenencias con lo que tienen los demás, o inclusive con lo que pensamos que deberíamos tener, será motivo de infelicidad e insatisfacción garantizada. Si tienes mucho y piensas que no lo mereces, igualmente te sentirás culpable y tampoco te hará feliz.

> Desde hoy permito que seas tú el administrador de mis dones, te agradezco mi abundancia presente y reconozco que eres tú quien cada día suple todas mis necesidades, tal como dice la oración del Padre Nuestro: «Dame hoy tu pan de cada día»; estoy en paz porque tengo la certeza eterna de que contigo a mi lado nada puede faltarme.

Dar es no exigir recompensa; a veces nuestros esfuerzos no guardan relación con lo recibido: algunos hacemos mucho, pero recibimos poco, otras veces hacemos poco y llegan grandes sorpresas cuando menos las esperamos. Al final todo es un gran regalo.

Si piensas que no hay suficiente, tampoco sentirás que tienes suficiente aunque tengas todas las posesiones del mundo.

El sentido de la vida no es descubrir un propósito, sino descubrir cómo ser instrumento para llevar el amor de Dios a su creación en cada momento.

PROMETO SER UN MENSAJERO DE TU AMOR

Para llevar a cabo tu verdadero propósito no necesitas ser un profesional calificado, pero sí necesitas estar dispuesto (listo), disponible (libre de ataduras) y responder al llamado de Dios (por medio de la acción amorosa y tu presencia). Todos tenemos una buena razón para no estar haciendo lo que tenemos que hacer respecto a nuestra misión de vida. Solo que ninguna de esas razones puede llenar el vacío de no estar en «tu lugar», no en el lugar de otro.

Hoy estoy dispuesto a escuchar la voz de mi corazón que es el eco de tu voluntad. Padre, ¿en qué puedo servirte?

A veces el miedo vence; eso que sueñas compartir con los demás, eso que parece imposible, que no osas siquiera verbalizar por creer que eres demasiado poco, que no tienes los recursos ni el tiempo, y menos el talento, porque seguramente existen miles de personas mejor calificadas que tú para llevarlo a cabo, es probablemente el verdadero propósito que quiere nacer de tu alma, pero la razón, el miedo y las opiniones de los demás lo niegan. No olvides que cuando caminas con Dios, él es quien abre las puertas, y no te preocupes; también es quien te las cierra si todavía no estás preparado.

Nací con unos dones, que en diferentes momentos de mi vida, sin saberlo, utilicé para el fin equivocado. Pensaba que servía, pero como lo hacía por mis propios medios y sin contar con él, hoy me doy cuenta de que sin saberlo estaba compartiendo el mensaje equivocado. Para servir a Dios se necesita preguntarle qué es lo más importante para él; la respuesta es siempre la misma: tu alma y la vida eterna junto a él.

Todos nacimos con una riqueza interior, un don, un regalo que Dios nos ha dado para el mundo. Qué hicimos con ese don es la pregunta que algún día nos haremos ante Dios al final de la vida, pero que deberíamos hacernos día a día. *No es correr tras el propósito, sino estar abiertos a Dios para que llegue a nosotros, es recibir sus instrucciones día a día.*

¿QUÉ ES SER INSTRUMENTO?

Todos somos parte de una gran sinfonía universal, donde cada cual es un instrumento. En ella se encuentran el violinista, el pianista y el del bajo; todos son iguales de importantes a la hora de ejecutar y escuchar la melodía, por tanto, no importa que seas la pequeña campana, porque en la gran presentación todos harán silencio para que te escuchen. Sin importar que seas grande o pequeño o que tengas un papel protagónico o de fondo en la escala de los instrumentos, lo importante es tu participación, porque sin ella la gran sinfonía estaría incompleta. Su espíritu es el soplo que te hace vibrar, Dios es el director de la orquesta y también el compositor, y sabe y reconoce muy bien tu parte en este mundo.

Cada ser humano tiene una canción. Es parte del coro de la sinfonía de la humanidad, pero a veces la callamos por miedo a desafinar, pensamos equivocadamente que no somos necesarios, pero la gran sinfonía no está completa sin tu canción; el mundo necesita de tu voz. «Por el trabajo nos convertimos en compañeros y colaboradores de Dios y en artífices de nuestra historia».[9]

¿CÓMO DESCUBRIR TU VOZ?

Tu melodía es aquella que sale del corazón, que para expresarse no necesita explicación, actuación, justificación, recompensa, valoración ni permiso. Es lo natural para ti, y solo eres feliz cuando la expresas y no necesita un pago, porque su pago es servir con tu regalo. Cada ave tiene su canción, y a veces no es una canción, sino el regalo de un bello plumaje de color. Cada ser humano tiene su melodía en la gran sinfonía.

El verdadero y más alto propósito de todo ser humano es imitar a Dios, regresar a los brazos del Padre y ayudar a otros a recordarlo. Un día en que no recordemos a alguien cuánto lo ama Dios es un día perdido.

Hoy cumplo mi promesa de servir y ser instrumento de Dios en cada lugar y en cada momento. No olvidaré quién me creó y luego colocaré mi voluntad al servicio de su ser en mí. Preguntaré a diario: Dios, ¿cuál es mi promesa contigo? ¿Cuál es mi regalo? ¿Qué disfruto?

¿Qué me impide servirte? ¿En qué parte de mi vida no estoy balanceado? ¿De qué manera no estoy aprovechando o creyendo en mi don? ¿Cómo puedo servir? ¿Qué regalo dejaré a otras generaciones? ¿Cómo puedo vivir la verdadera dicha hoy? Si mi propósito es ser como tú por medio de la invitación y la imitación de Jesús, ¿cómo puedo ser más semejante a ti?

CAPÍTULO

Prometo *vivir* en integridad y verdad

¿Qué es ser íntegro? Cuando describimos algo como integral, hablamos de su forma completa. Tal como nos referimos a un grano para hacer harina, lo íntegro significa entero, no tocado. Para ser instrumentos puros de Dios necesitamos estar completos y no fragmentados. ¿Cómo nos rompemos? La pureza de algo se desvirtúa cuando se altera su naturaleza, en otras palabras, cuando algo es adulterado o cambiado del objetivo para el que fue creado.

Un ser íntegro es un ser que no permite ser tocado por la oscuridad.

¿Cuál es la verdad? Se habla hoy día de que no existe verdad absoluta, que todo es relativo, todo es aceptable. Cada vez más lo inaceptable se convierte en la norma y en lo habitual, pero el agua no se convierte en vino porque la mayoría decida tomarla en una copa. El relativismo socava los principios, los valores personales y el cumplimiento de las leyes de Dios. Existen leyes de Dios y existen leyes del mundo. A veces las leyes terrenales solo están hechas para colocar orden al desorden. Dios todo lo ve. Las leyes celestiales no pueden ser anuladas por las leyes terrenales; ellas son los límites para la inconsciencia, están hechas para protegernos; mientras menos conciencia, más leyes.

Recuerdo una visita a un país donde había finos caballos con hermosos carruajes. Muy curiosa, se me ocurrió preguntar si en ese lugar existían leyes para protegerlos; el conductor me miró indignado respondiéndome: «¡No necesitamos leyes, sabemos lo que necesitan nuestros caballos y los cuidamos!». Si todos tuviéramos una noción del bien, no harían falta las leyes, pero las leyes terrenales no siempre nos indican qué es lo correcto. Lo incorrecto no se puede volver aceptable porque muchos lo practiquen; la esclavitud, tan abominable a nuestros ojos de hoy, aunque no queramos aceptarlo, fue correcta a los ojos del ayer, y todavía lo es en algunos lugares. La verdad no es relativa, la verdad es lo que es, solo se relativiza para adaptarla a nuestro tiempo y a nuestro parecer según nuestra conveniencia.

La verdad no es relativa, pero nuestra opinión humana sí lo es.

La verdad no es una opinión. Muchos dicen seguir la voluntad de Dios, pero sus acciones no siempre siguen lo ideal; por lo general buscan lo que es conveniente, como cuando existe una marcada incongruencia entre lo que pensamos, lo que hacemos y lo que decimos. Nuestras acciones son la forma más poderosa de comunicación. Lo que haces grita tan fuerte, que no deja escuchar lo que estás diciendo.

CÓMO RECONOCER LA VERDAD

A veces estamos en negación o simplemente no podemos reconocer lo correcto. Por lo general, un malestar recurrente en forma de
angustia es la manera de dejarte saber que estás en incongruencia
interna. ¿Qué siento hoy? ¿Qué están diciendo al mundo las acciones y elecciones que hago en mi vida sobre quién soy? Con tanta
confusión es necesario tener un marco de referencia por el cual
regirnos, que no sea tan tambaleante como el mundo. Para aprender a encontrar la verdad, primero necesitamos recordar quién es
la verdad.

La verdad no es una opinión, es una Persona.

*«Yo soy el camino, la verdad y la vida. Solamente por mí se puede
llegar al Padre».*

—JESÚS[2]

Cada acción que va en contra del orden y la voluntad del
Creador va en contra de nuestro más alto bien y, finalmente, nos
causará dolor y sufrimiento. Error y pecado son sinónimos; ambos
significan infracción, tropiezo, no tanto contra Dios, él es inalte-
rable, sino contra nosotros mismos. Perdemos la verdad cada vez
que faltamos a nuestra integridad, pero ¿qué es lo que nos lleva a
errar? ¿Qué nos lleva a faltar?

Tal como niños desobedientes, necesitamos una valla de seguridad para no caernos por el precipicio de la curiosidad. Vivimos
en un mundo lleno de dulces y los queremos todos. Unos dicen
que nacimos buenos y otros dicen que nacimos malos, pero una
cosa sí es cierta: en este cuerpo siempre seremos provocados por
todo tipo de circunstancias, retos, distracciones y placeres, algunos de los cuales no solo pueden arruinarnos esta vida, sino la otra
también. Necesitamos una guía.

LA CULPA

Tan dañina es la culpa enfermiza por nuestras tendencias de desobediencia y error, como lo es la confianza ciega en nuestra propia habilidad de mantenernos lejos del error, sin contar con Dios.

No se llega a Dios por la culpa o el miedo: se regresa por el corazón. No estamos malditos ni somos culpables por los actos de Adán y Eva, pero sí heredamos su condición caída; por esta razón no podemos negar nuestra débil realidad humana, la que fácilmente se deja llevar por lo que quiere, a veces sin mirar las consecuencias, lo que constantemente es una invitación que la lleva a desviarse por el camino contrario.

En la tradición de los primeros padres de la iglesia no se describe el pecado original como una mancha transmitida, sino como «la primera vez cuando nuestros ancestros erraron» porque se apartaron de Dios.[3] Esa primera separación fue un error que tuvo sus consecuencias de enfermedad, debilidad y muerte física. No somos culpables, pero somos herederos de sus consecuencias. Al mismo tiempo, «todos somos miembros de un mismo cuerpo»,[4] porque lo que afecta a uno, nos afecta a todos. Nos caemos solos, pero nos levantamos unos a otros.

No somos culpables de la separación original, pero somos responsables de elegir el regreso. Es importante tener juicio, pero no enjuiciarnos ni enjuiciar a otros, sino seguir las tendencias innatas del amor y del bien, sin mirar a quién.

Necesitamos un norte para no perdernos, porque aunque nos consideremos «buenos», necesitamos ser humildes y reconocer que a veces el ambiente nos contamina, sin que nos demos cuenta. Cuando se camina con Dios, la conciencia y la molestia interna, tal como una piedra en el zapato, ayudan a identificar el camino correcto. La conciencia es la brújula que te hace reconocer lo que hay que soltar, disculpar, entregar y modificar.

Por más hermoso y puro que sea el pez, si lo colocamos en un estanque con agua impura, a la larga se contaminará, o peor, se acostumbrará. En mi antigua casa tenía un estanque con decenas de peces koi, similares a los que tienen algunos restaurantes japoneses. Un día noté que el agua estaba demasiado turbia y di instrucciones para cambiarla, cuando el jardinero me alertó de que si le colocaba el agua limpia de repente, morirían, porque ya se habían acostumbrado al agua sucia. Así somos nosotros, nos hemos acostumbrado, algunos ya no saben la diferencia, y repelemos el bien.

ENEMIGOS OCULTOS DEL CAMBIO HACIA LA INTEGRIDAD

Desde antes de la creación de la tierra existen dos bandos: los ángeles caídos y también los ángeles de Dios. Estos últimos están presididos por San Miguel Arcángel, mientras que los caídos ya sabemos por quién están regidos.

No porque se niegue el mal significa que no exista y no pueda afectarnos.

Por esta razón debemos estar alertas, y no pedir ni escuchar consejo de quien no camina de la mano de Dios. ¿Para llegar a tu meta, pedirías direcciones a una persona que ha perdido el camino y que no sabe dónde está su destino? Cuántas veces hemos tenido la intención de hacer un gran cambio en nuestras vidas, sea trabajo, una relación, alimentación, formas de ser o un deseo de regresar a la iglesia, solo para encontrarnos con una gran pared de resistencia, tanto de los demás como de nosotros mismos. Amigos que en ocasiones nos invitan a recaer, o peor aún, a ignorar nuestros ruegos del alma, llevándonos a darnos por vencidos antes de comenzar. «No seas tonto... haz lo que dice tu corazón». «La iglesia es una falacia». «Toma esto, solo por hoy». «Todo el mundo lo hace». «La vida es una». «Haz lo que sientas, nadie paga tus cuentas». No olvides que la mayor parte del tiempo las personas solo ven el reflejo de lo que llevan dentro. Ven lo que son. Entonces es mejor saber a quién preguntar.

EL LAGO AZUL

Escuché en una ocasión una historia referida a un lugar muy remoto alejado de la civilización, donde vivía una pareja de jóvenes esposos en compañía de la madre de él. Ellos disfrutaban la paz y armonía del paisaje y se paseaban en medio de la naturaleza. Cierto día, mientras el joven conseguía lo que iban a comer al día siguiente, la muchacha llegó llorando hasta donde su suegra y le dijo: «Mi esposo se irá con otra mujer, ella es hermosa, donde quiera que mires la ves».

La madre le acarició el cabello y la abrazó asegurándole que eso no era posible porque su hijo la quería mucho, pero la joven lloraba desconsoladamente, hasta que la señora le pidió que la llevara a ese lugar para ella ver con sus propios ojos a la mujer que se aparecía en el lago.

Cuando la muchacha le mostró uno de los lugares donde la había visto, la mujer se inclinó y volvió sonriente hasta donde la esperaba su nuera: «No te preocupes», le dijo, «esa pobre mujer es muy fea y muy vieja, ya perdió hasta los dientes y mi hijo no te va a cambiar por ella».

Ninguna de las dos sabía que habían visto su propio reflejo en el espejo del agua.

Moraleja: la negatividad es como una neblina que empaña nuestro cielo. Vemos afuera lo que llevamos dentro del corazón, sea odio o belleza, lo cual sin saberlo aceptamos como verdadero; vemos lo que queremos ver.

PEDIR AYUDA

La negación puede ser un impedimento muy grande cuando estamos caminando con Dios y estamos tratando de hacer cambios hacia la integridad. Para reconocer a nuestro verdadero ser, a veces necesitamos otra perspectiva. Dejamos de ver cuando una situación es demasiado familiar para nosotros.

Todo escritor sabe que corregir un manuscrito no es fácil y resulta muy curioso que cuando lo has leído demasiadas veces, el cerebro esconde los errores y pierdes la habilidad para verlos. Es impresionante cómo mis ojos rellenan los errores y, aunque lo que lea no esté correcto, hacen que lo que está en el papel se vea correcto. En error somos capaces de llenar los blancos, colocar acentos y eliminar palabras que no están. Por eso necesito de un editor. Entonces es necesario tomarme un tiempo, alejarme del papel y aceptar ayuda para que alguien que no haya visto el documento corrija desde una perspectiva fresca lo que ya no puedo ver, no porque no quiera hacer lo correcto, sino porque ya no veo.

En la vida es igual. Necesitamos la humildad de pedir ayuda, a veces fuera de la familia, porque existen ocasiones en que ellos también están demasiado cerca para ver o son parte del problema. Otros prefieren no decir la verdad y evitar confrontaciones. Nosotros también rellenamos los blancos, escondemos los errores y no vemos.

El pago más grande es la paz que podemos sentir mientras caminamos en este mundo haciendo el bien; la misma paz que sentiremos cuando finalmente lo dejemos.

INTEGRIDAD DE PALABRA

La palabra es el altoparlante de tu corazón, el silencio es el receptor. La palabra es poder; podemos ser portadores de la verdad o ser promotores del mensaje equivocado al hacerlo por aprobación, lo que sería desperdiciar ese don. La mejor terapia es escucharte a ti mismo para caer en cuenta de lo que dice tu corazón. La escritura por medio de un diario es un buen ejercicio, y es lo mismo que cuando vas a un terapista, que utiliza la técnica de repetir lo que dices para que te des cuenta de lo que tienes en el pensamiento.

Somos capaces de bendecir, que es afirmar el bien, o maldecir que es invocar el mal propio o ajeno. Lo que dices y hablas se rige por los principios y valores aceptados en tu corazón.

LOS PRINCIPIOS

«Principio» significa la primera causa de toda acción, la valla de seguridad que evita que nos caigamos en el precipicio. Si nuestros valores están comprometidos solo con lo que nos hace sentir bien y si primero no hemos hecho un pacto mayor con la voluntad de Dios, corremos el riesgo de caer en un sufrimiento. ¿Qué hacer cuando todos hacen lo inaceptable? ¿Puede lo inaceptable convertirse en aceptable? ¿Invalida lo correcto? Cuando una acción es llevada a cabo por suficiente gente, es aceptada por la mayoría, aunque no sea la ideal; es como una ola de influencia que te lleva. Existen países que siguen sus leyes de tránsito y otros que no; algunos que protegen los derechos humanos y otros que no. Seguimos las reglas de la cultura en silencio. Sucede con los hijos: «¿Mamá, por qué mi amigo puede llegar tarde y yo no?». Sucede con la cultura moderna, cuando parece como si la mayoría aprobara las drogas o el sexo casual. Drogas que fueron prohibidas ayer, hoy son aceptables. Vivimos en un mundo desproporcionado, no hay duda de que el ambiente puede afectar nuestro libre albedrío, por eso no podemos hacer la voluntad de Dios, precisamente sin la ayuda de Dios.

Muchas personas me preguntan cómo ser espiritual en medio del mundo material, muy buena pregunta. Me considero una mujer moderna, no vivo aislada, vivo en medio de una gran ciudad, expuesta a los negocios, las personas y el tráfico, donde no siempre es fácil evitar las caídas. Muchos dicen que fluyas con la corriente, que sigas tu voz interior, pero encuentro que seguir la verdadera voz de Dios usualmente significa ir en contra de la corriente del mundo. Dios sabe que no soy perfecta, pero no se trata de perfección, sino de hacer el esfuerzo de caminar en el bien, lo que es un freno interno que no nos deja caer en lo que no nos conviene.

Otras veces tener a Dios no es conveniente, especialmente cuando queremos hacer algo en contra de lo que sabemos es nuestro bien. Pero no se trata de suprimir deseos equivocados; la verdadera transformación es dejar de tenerlos. Me decía mi mentor que el verdadero libre albedrío no es para elegir entre el bien y el mal, sino para elegir lo mejor entre dos bienes.

LECCIONES DE LA INTEGRIDAD EN LA ETERNIDAD

La mayoría de las lecciones de espiritualidad moderna muestran prácticas para sentirse bien o conseguir cosas en el ahora, en esta vida, pero pocos se preocupan por preguntar qué nos hace falta hacer precisamente en este ahora para la próxima vida. No se trata de vivir paralizado por el miedo, ni pensando en lo peor, pero la vida es muy corta y la eternidad es muy larga para no llevar el equipaje necesario, que no se trata de logros, sino de los frutos de la siembra espiritual en la tierra.

Algunos piensan que la eternidad queda en el futuro, pero la eternidad es lo que vivimos ahora, porque la vida no termina con la muerte; ni las deudas, ni la recompensa, ni la consecuencia, esas tampoco terminan aquí. No hablo de culpa, manipulación o miedo, sino de la pregunta que me hice mientras estudiaba estas promesas a Dios: ¿para qué prometer?

Sembrar para nuestra otra vida es de sabios; la eternidad es un tiempo demasiado largo como para equivocarnos.

Tener una deuda en el cielo deberá ser tan incómodo como el hecho de sentirnos avergonzados en la tierra por cuentas sin pagar. No por el sentido de culpa, sino de conciencia, no ayuda que sean eternas. Si hay una manera de absolución de nuestras deudas espirituales en la tierra, aquí y ahora, entonces por qué no acogernos a la amnistía celestial.

Volver a Dios es la solución, mientras que la culpa solo busca imponer un castigo. No hay sanación en el castigo. Únicamente hay sanación al regresar a Dios y entregar tu falta y la de los demás.

«Donde hay amor no hay miedo. Al contrario, el amor perfecto echa afuera el miedo, pues el miedo supone el castigo. Por eso, si alguien tiene miedo, es que no ha llegado a amar perfectamente. Nosotros amamos porque él nos amó primero».[5]

Si el corazón está verdaderamente purificado por el perdón de Dios, resultado del verdadero disgusto de una acción errada, esa falta será corregida en el cielo. No es lo mismo que la filosofía del karma ni la reencarnación, con sus consecuencias eternas solo pagadas por medio de una acción similar, a través de muchas vidas y muertes. Jesús nos mostró que un perdón verdadero es instantáneo, que hay una sola vida, que el tiempo para corregir es ahora. Lo mostró en el último momento. Cuando en su propia crucifixión, el criminal a su lado le invocó: «Acuérdate de mí cuando vengas en tu reino», Jesús le respondió de inmediato: «De cierto te digo que hoy estarás conmigo en el paraíso».[6]

Lo más importante es tener la conciencia de ver, admitir y reconocer esa falta, e invocarle con humildad, como hizo el criminal, lo que es el verdadero arrepentimiento. El encomendarnos a Dios directamente, o por medio del rito de nuestra iglesia, o de rodillas en nuestra habitación es un buen comienzo.

EL CUERPO Y LA INTEGRIDAD

La negación del cuerpo no nos lleva a su maestría, pero su culto e idolatría tampoco es lo correcto. A veces colocamos nuestros deseos temporales por encima de los valores eternos. Toda elección que se hace fuera de lo que dicta tu alma se hace pensando equivocadamente que el pago inmediato de placer es más grande que tu paz interior; placer y pasión son efímeros, pero los efectos de esas decisiones pueden ser a largo plazo.

Hacer guerra contra el cuerpo tampoco es sano. El rechazar, negar y no aceptar que también somos cuerpo es el extremo opuesto de esta lección; no somos un espíritu atrapado dentro de un cuerpo y tampoco somos entidades separadas; somos el conjunto de cuerpo, emociones, pensamientos, ideas y sensaciones, y mientras más los aceptemos, los entreguemos y nos acerquemos a Dios, más a fin a su propósito serán sus frutos.

EL SEXO FUERA DE CONTEXTO

El sexo es parte de nuestra naturaleza y tiene una función: está diseñado para reproducirnos y también es una fuente de expresión de amor en su contexto matrimonial, no es malo ni sinónimo de pecado, pero tiene un problema cuando su función es desfigurada. C. S. Lewis compara el sexo con la comida,[7] que es buena y constituye una necesidad; pero si visitáramos el teatro de un pueblo y este colocara un plato de comida en el escenario, como un espectáculo en una tarima para que todos lo vieran con ojos de gula, pensaríamos que algo anda muy mal con esas personas. Eso hace nuestra cultura: coloca el sexo en tarima; los excesos no son nuevos en la historia, pero esto no los valida. Algo anda muy mal con nuestra obsesión por el sexo, cuando pensamos que es nuestra arma para conseguir amor, seguridad, admiración o entretenimiento.

> **Las cosas valiosas no son fáciles, por lo general están muy escondidas, como los diamantes, el oro, el petróleo y hasta el mismo Dios. Quien muestra y regala su cuerpo olvidó su verdadero valor.**

Es natural sentir, pero no es natural ni de humanos actuar por cada sentir. Por ejemplo, el cuerpo puede tener la tendencia de disfrutar mucho del alcohol, pero cuando el alcohol toma dominio sobre ti, aunque lo desees, aunque todos tomen, eso no es lo que Dios quiere para ti.

No porque se niegue una realidad temporal, nuestras acciones dejan de tener consecuencias eternas.

Es importante no exponerte a situaciones que te lleven a faltar a tu integridad, no solo con acciones muy evidentes, sino con las que parecen inocentes, como hacerte parte de un grupo de personas practicando algo que no va con tu integridad, una página de Internet, una foto, una película, una canción. Realmente, antes de llevar a cabo una acción equivocada, ya el deseo ha entrado por los sentidos y por la forma más inocente. No es que pienses que todo es malo, sino que preguntes: ¿qué valores te muestra lo que estás viendo? Busca ayuda en la etapa que aún es una idea, y si ya has caído, por ejemplo, en una relación tóxica, busca ayuda nuevamente; siempre puedes buscar perdón y regresar, no porque Dios lo necesite, sino porque tú lo necesitas para tu salud y tu paz.

INTEGRIDAD EN LA PAREJA

Unas de las áreas más propensas a la pérdida de la integridad es el área de la pareja. ¿Cómo encontrar el amor? ¿Cómo terminar una relación en la que ya no hay amor? Preguntan muchos. Al buscar la pareja, se necesita mirar si Dios está en su corazón y en el nuestro. Lo físico se termina, como el cuerpo, lo económico y los logros. Una persona que no tenga a Dios en su corazón es como un árbol sin un tronco fuerte; en los vientos tambaleará. Igualmente una relación sexual por pasatiempo o conveniencia, sin el compromiso de unirse ante Dios, es una relación que a la larga causará sufrimiento a cualquiera de los dos.

OBSTÁCULOS PARA BUSCAR EL PERDÓN DE DIOS

El primer paso para la verdadera liberación, que nos permitirá caminar en la fe, es la aceptación de esa vulnerabilidad que tenemos de errar. Nuestras transgresiones son reales, pero su sentido se ha desfigurado de tal modo que la nueva espiritualidad las niega por completo asegurando que el pecado no existe, que somos perfectos. El extremo acusador tampoco es la salida.

La calma no es igual que la paz. El opuesto de la responsabilidad es la negación y la indiferencia; de nada te vale sentirte en calma si no puedes dormir. La falsa calma es creada por la voluntad de no mirar, mientras que la verdadera paz es un regalo de Dios que viene de tu compromiso de responder cuando miras con la integridad del alma. El relevo de la culpa por medio de su negación no sana el pasado. Antes pensaba que nadie era culpable. Cambiemos la palabra *culpable* por *responsable*. La culpabilidad enferma busca castigo, mientras que el arrepentimiento del corazón busca el cambio de dirección por medio del perdón y la redención.

El negar la responsabilidad de una falta da más fuerza al error, en cambio la aceptación, junto a la redención, al pedir el perdón de Dios, es lo único que puede borrar un error de los archivos y liberar nuestra alma de su peso. El primer requisito para admitir un error es la humildad, y el segundo, la aceptación. El tercero es el amor a Dios, que es el viento que con su soplo borra cualquier error.

PASOS PARA LA LIBERACIÓN:

1. Reconocer nuestra naturaleza frágil (no, no somos perfectos).
2. Reconocer nuestra vulnerabilidad (no, no somos Dios y solos no podemos liberarnos).
3. Reconocer nuestros errores (errar es real).
4. Tener humildad para pedir perdón por nuestras faltas (decir «lo siento profundamente», arrepentimiento).
5. Invocar para poder ver con los ojos de Dios.
6. Perdonar, perdonarnos a nosotros mismos, sabiendo que Dios te ha perdonado (me perdono porque, Señor, tú me

has perdonado; si tú me perdonas, ¿quién soy para no perdonarme?).

7. Vivir en paz, orar, no volver a errar, pero, si lo haces, debes volver al paso uno. Esto ocurrirá muchas veces. Jesús le dijo a la mujer adúltera que salvó de ser apedreada a muerte por su pecado de mano de los maestros de la ley: «Tampoco yo te condeno; ahora, vete y no vuelvas a pecar».[8]

La confesión o pedir perdón a Dios es como limpiarnos las rodillas cuando hemos caído, y es necesario para la paz.

PARA VIVIR EN INTEGRIDAD Y EN VERDAD

Para vivir en integridad con Dios, con nosotros mismos y con los demás es imprescindible la promesa del respeto y el amor. Dios nos dio una guía por medio de los mandamientos.

De la misma manera, Jesús nos mostró los dos mandamientos más importantes: el primer mandamiento y el más importante es el que dice así: «Ama al Señor tu Dios con todo tu corazón, con toda tu alma y con toda tu mente».[9]

Prometo creer en un solo Dios Padre. Amarte, respetarte y obedecerte sobre todas las cosas y no colocar otros ídolos en tu lugar, sea dinero, reconocimiento, poder, otros dioses o personas. Prometo agradecerte por toda experiencia, relación y pertenencia. Te daré crédito por cada don, regalo y éxito, al igual que por cada final. Padre, prometo ir a ti, hablarte y contar contigo para toda acción, obra y pensamiento. Respetar cuando mencionen tu nombre y nunca usarlo de manera falsa o para beneficio propio de ninguna manera.

Prometemos nunca negarle ni colocar nada en este mundo por encima de su voluntad. Ofrecerle ser su instrumento en cada lugar y en cada momento. Comunicarnos con él cada día por medio de la oración, y tomar un día para hacer un alto y congregarnos en su nombre en la iglesia para recordarle.

Jesús dijo: «El segundo mandamiento en importancia es parecido al primero, y dice así: "Cada uno debe amar a su prójimo como se ama a sí mismo." En estos dos mandamientos se basan toda la ley y todos los profetas».[10]

Si amamos al prójimo como lo amó Jesús, lo haremos incondicionalmente. A nuestros padres igualmente prometemos amarlos y perdonarlos, y escuchar sus consejos; esto significa nunca olvidar que fueron elegidos para traernos al mundo. Hayan sido buenos padres o no, somos responsables de ayudarlos en la necesidad, en la enfermedad y en la vejez. Así mismo lo haremos con nuestros hijos, pues somos responsables de guiarlos en el camino del bien. Prometemos respetar a nuestra familia, buscando la manera de mantener los lazos y la armonía por medio del perdón.

NUNCA ES TARDE PARA REGRESAR

No importa lo que haya sucedido en el pasado, si realmente existe un arrepentimiento, un aprendizaje y una entrega sincera, Dios puede borrarlo, con nuestro compromiso de no regresar al error. No importa nuestro equivocado pasado, ni nuestras caídas y erradas acciones del día a día, Dios y sus ángeles hacen una gran fiesta en el cielo cada vez que uno de nosotros regresa. Dios es amor, perdón, alegría y paz. Él conoce nuestro corazón y nuestras limitaciones. No es que seamos santos ni perfectos. Es entender que todos los excesos, aunque den placer, al final arruinan el ser.

Ahora bien, aunque Dios no se da por vencido, no nos abandona y siempre nos espera, solo puede ayudarnos verdaderamente si regresamos por nuestra propia elección. Tampoco aplaudo el cinismo de seguir errando porque «Dios todo lo perdona» o porque tenemos el beneficio de la confesión.

Cuando se elige regresar a Dios, nuestra voluntad limitada se une a la gran gracia especial del Espíritu Santo para elevarnos a la presencia divina. La paz viene de la certeza de saber que mi poder de elección trabaja con el suyo, que puede errar muchas veces, pero al final él mira mi perseverancia, conoce mi corazón. Él está a cargo; con Dios nada tengo que temer. En las palabras de Papa Francisco: «Dios no perdona con un decreto, sino con una caricia».[11] Es suficiente con decir:

> Mi Dios Padre, hoy regreso, hoy vuelvo a ti. Y para los que todavía temen, orar así es suficiente: mi Dios, tengo miedo y duda, pero estoy dispuesto, trabaja las transgresiones conmigo.

CAPÍTULO 12

Prometo *regresar* a la comunión con Dios

Toda la pedagogía de Dios está orientada a que
prosigamos hacia una vida plena en comunión con él.[1]

Regresar a Dios no es una obligación, sino una invitación amorosa de nuestro Creador. No se trata de regresar a Dios por miedo a la condenación, sino porque sin él dejaríamos de beneficiarnos de una vida más plena.

La vida de los infantes es muy similar a la historia de la humanidad y representa un arquetipo de lo que nos sucede cada día. Al nacer los infantes no tienen preocupaciones por su pan ni vergüenza por su desnudez, porque viven en un mundo de ensueño y benevolencia junto a su madre, hasta un día en que sufren una caída similar a la del hombre en el Edén: cuando antes el infante vivía como una extensión de los brazos de su madre, ahora desea caminar sin ella. Un buen día les nacen las palabras «yo», «mío», y gritan el primer «no» a sus progenitores, pero, aunque son muy voluntariosos, todavía no tienen suficiente conciencia para elegir entre el bien y el mal, y sin duda caerán. Igual nos sucede a nosotros, sin Dios y sin su ayuda, sin duda caeremos.

Cada día elegimos ser parte de situaciones en la vida que nos acercan o nos alejan de nuestra comunión con Dios. Regresar es recordar nuestra inocencia y volver a ser como niños; como decía Jesús: «Dejen que los niños vengan a mí»,[2] porque solo por medio de la inocencia y una confianza pura es que podemos entregarle lo más preciado, para regresar a nuestra comunión con él, al unir nuestra voluntad a la suya. Tampoco podemos olvidar que los niños al igual que los adultos, para madurar, necesitan disciplina y formación en el uso de la voluntad.[3]

Todo creyente anhela tener una relación íntima con Dios; existen varios grados de esta relación, de acuerdo con nuestro estado de conciencia actual. Algunos nos relacionamos con él por medio de un conocimiento intelectual, por ejemplo, por medio de la teología, del conocimiento de las leyes de Dios y de su historia; otros le conocen como un psicólogo, a quien interminablemente expresan sus quejas y frustraciones; otros le consideran un padre estricto al que temen, porque piensan que a veces es bueno, pero otras veces creen que les castiga. Algunos ven a Dios como un genio de la lámpara, que solo existe para conceder deseos, y otros le ven como un jefe al que se necesita complacer con un buen trabajo para obtener la paga justa de su amor.

Si bien Dios es para nosotros un poco de todas estas cosas, vivir en armonía con él es diferente. Cuando encontramos el origen de la palabra *comunión*, su respuesta se convierte en la clave del propósito de la vida: caminar juntos con Dios para cambiar. Dios nos dio el libre albedrío, la facultad innegable e intransferible de elegir entre el bien y el mal, pero como bien conocemos, no tenemos la facultad de saber la diferencia por nuestros propios medios. No se trata de unidad ni unificación, en el sentido de desaparecernos en su ser, sino de trabajar en sinergia y cooperación con él.

La mayoría piensa que tener una relación con Dios significa solo una comunicación personal con él: «Yo le hablo directamente, no hago mal, creo en él, y cada cual que le hable y crea a su manera».

Aunque es cierto que Dios es muy personal y que cada cual tiene su forma de hablarle, antes de compartirla se necesita tener fuertes los cimientos de su morada en nosotros; comunión es mucho más que dos, porque significa todos (juntos) con Dios.

Nuestro mundo comienza con una relación con Dios y luego con nosotros mismos. Desde allí nuestros deberes se extienden hasta la familia, que es el primer ladrillo de la casa de Dios en la tierra. Una vez firmes, estos ladrillos, junto al pegamento del amor, se convierten en los cimientos de la comunidad, de la ciudad, del país, del continente, del globo entero y de la iglesia de Dios.

LA PROMESA DE LA FAMILIA

«El amor es un acto de fe, y quien tenga poca fe también tiene poco amor».[4]

La familia compone los cimientos, que construidos en la tierra fértil del Creador nos mantienen unidos en su amor. Algunos dicen que el matrimonio por la iglesia no tiene sentido; no lo tiene de la manera equivocada que nos lo han mostrado. Casarse ante Dios no garantiza una unión perfecta, pero, si la pareja comprende el verdadero significado, el matrimonio contraído como un acto sagrado puede elevar ese amor a Dios. No he visto uniones perfectas, pero sí amores comprometidos por largos años. «[Dios] hombre y mujer los creó [...] y los dos serán como una sola persona».[5]

El amor de Dios es grande e incondicional, pero el amor que perdura es una decisión, por eso constituye una promesa. Una vez que unes tu familia ante Dios, su vínculo debe ser protegido, salvo en situaciones especiales como son la enfermedad mental, la adicción, el abuso o la infidelidad. No todas las relaciones amorosas son reflejo del amor de Dios. Hay uniones que hacen daño, incluso a los niños porque no les muestran la realidad del amor y el respeto, y en esos casos es mejor separarse.

Así mismo, en esos momentos en que se piense que una relación va a terminar, antes, se debe buscar ayuda si existe la duda.

Por experiencia propia, ahora puedo ver que la cadena de dolor al separar una familia es muy larga para no tenerla en cuenta antes de romper un matrimonio. En la mayoría de los casos, vale la pena pensarlo con detenimiento. Me refiero a matrimonios que aún pueden sanarse; no hay nada peor que la obstinación y la falta de perdón. Obviamente, hacen falta dos para mantener una unión, pero para encontrar soluciones siempre se puede recurrir a la oración y a la terapia familiar.

Muchas personas se unen en matrimonio por las razones equivocadas y también muchos lo disuelven por los motivos incorrectos. Realmente pensar que la pasión perdura es una ilusión que mata el verdadero amor y posiblemente una bella pero imperfecta familia. Nos han mentido cuando nos han dicho que tenemos derecho a sentirnos bien, a tener esa pasión por siempre o a ser independientes. Es culpa de la ficción y la cultura que nos vende perfección y nos dice que debemos pensar primero en nosotros mismos, pero el matrimonio no es desechable, no es un vestido que cuidamos cuando es nuevo y que luego de usarlo pensamos que podemos cambiarlo por otro para sentir de nuevo ese entusiasmo del primer día. Para fomentar la armonía, lo ideal es que ambos tengan a Dios en su corazón.

CÓMO NACE LA COMUNIÓN CON DIOS

Mientras más hacemos su voluntad, más cerca de Dios estamos. Existe una diferencia entre cambiar y transformarse, porque siempre se puede cambiar una fachada superficialmente. «Conversión» quiere decir que una materia se transforma totalmente en otra; el pan se convierte en vida cuando se convierte en energía y alimento. La conversión es como un proceso de metabolismo del alma. Solo Dios puede cambiar un corazón y solo un corazón despertado por Dios puede cambiar la mente. El significado de la palabra *arrepentimiento* en griego es *metánoia*, que literalmente significa: «cambiar la mente»,[6] o «cambiar el espíritu». Es una segunda oportunidad concedida por Dios para regenerarnos después del bautismo,[7] lo que naturalmente desembocará en un cambio de dirección hacia Dios. *Metánoia* es lo que le sucede a un corazón tocado por el mismo Jesús.

Jesús tiene la capacidad de convertir el agua en vino.[8] Igualmente puede convertir a cualquier ser que esté dispuesto, en un ser justo.

Cuando un ser es tocado por el mismo Espíritu de Dios, ya no puede resistirse a su llamado. Algunos son muy escépticos con estas experiencias de cambio profundas: «Tanto que pecó, y ahora cree que es santo», comentan los incrédulos. Este fenómeno de transformación, en la mayoría de los casos, es muy real y puede ocurrir en un segundo; otras veces puede ser un proceso, como algunos enfermos que han tenido una conversión a través de un tiempo de sanación interna y externa; luego de la depuración, sus ojos tienen un brillo y una paz que no mostraban antes de la enfermedad. El agradecimiento a Dios cambia la conciencia. Me he dado cuenta de que esto sucede como resultado de invocar a Dios incansablemente, aunque existen muchos otros casos en que la conversión no tiene otra explicación que no sea la compasión de Dios.

Todos tenemos un llamado a la excelencia,[9] a participar en la divinidad de Dios, a honrar su imagen por medio de ser la más auténtica expresión de nosotros mismos. Pero nos empeñamos en hacer todo lo contrario. Reducimos a Dios a nuestra imagen y semejanza errónea. Lo convertimos en un ser castigador, manipulador y enojado.

«Dios, por su poder y por medio de Jesús, nos ha concedido todo lo que necesitamos para la vida y la devoción, para que por medio de ellas lleguemos a participar en la naturaleza de Dios».[10]

La transformación, por lógica, pareciera algo imposible; pero cuando escucho las historias de los santos, veo que la mayoría, antes del cambio y luego de él, no eran perfectos. Eran personas normales que lograron la comunión con Dios, algunos eran doctores, otros eran soldados, pescadores, incluso prostitutas, criminales y hasta perseguidores de cristianos, como lo fue San Pablo.

> **No cambiamos para ser aceptados por Dios. Nos unimos a Dios con el propósito de que su propio Espíritu, junto a nuestra devoción, nos cambie a nosotros.**

El mismo San Agustín de Hipona, padre de la iglesia, antes de ser obispo y santo era un hombre de mundo, muy inteligente, apasionado, estudiante de filosofía griega y retórica, orador de la corte de Roma y miembro de la escuela neoplatónica, todo esto en busca de la verdad que lo eludía, porque nada lo hacía feliz, hasta que un día por medio de la razón unida al corazón y a sus encuentros con un hombre de fe, tuvo la experiencia de hallar la paz. Antes había sido defensor y promotor del maniqueísmo, una secta esotérica que desmentía la fe de su propia madre que era una ferviente cristiana, secta dualista que más tarde él mismo combatió, porque luego de devorar los Evangelios, ya no pudo resistirse a su verdad. Experiencia con la que puedo identificarme.

En el libro *Confesiones*, San Agustín cuenta dramáticamente y con un profundo arrepentimiento cómo un día abrió sus ojos y se encontró avergonzado por todos sus antiguos vicios y faltas, dignas de una novela de pasiones de ese tiempo.[11] Las mismas tentaciones de hoy existían entonces. En el caso de San Agustín, fue un grito que casi rasgaba el cielo. Un «¡¿hasta cuándo?!» que él mismo gritó a Dios, como nos pasa a muchos. Llamado que inmediatamente Dios respondió con su gracia, como lo hace con el peor de los malhechores, si realmente reconoce su error y le invoca.

El llamado no tiene que ser tan dramático; otras veces, aunque no se reconozcan todas las faltas, puede hacerse una llamada tímida a Dios, diciendo: «Muéstrame, estoy dispuesto a ver». No hay oraciones pequeñas, sino llamadas a Dios que no han sido emitidas. Entonces vemos cómo el libre albedrío necesita unirse a la gracia de Dios, para que este pueda ser amoldado hacia el bien. Eso es la comunión.

Mientras lees estas líneas quizás pienses que conoces a alguien que necesita una conversión o una transformación. Siempre pensamos que los que necesitan arreglarse son los otros, pero aunque nuestra vida no haya sido tan pecaminosa, para que nuestro mundo cambie, primero necesitamos comenzar por nosotros.

Siempre podemos orar por las personas que amamos y que necesitan un cambio; para lograrlo hace falta fe, pero para tener fe se necesita comenzar por buscar la propia, porque Dios es quien al final te da la fe, la sabiduría y la guía. Santa Mónica, madre de San Agustín, oró por la salvación de su hijo hasta el cansancio, y al final lo logró. Si existe una persona que quieres que cambie para bien, y no quiere escucharte, sigue los pasos que el obispo San Ambrosio recomendó a Santa Mónica sobre su hijo San Agustín: no le hables a Agustín de Dios, sino ve a tu cuarto y háblale a Dios de él. He visto milagros, y no hay nadie con más fuerza para pedir intercesión que el amor, sea de una madre, de un hijo o de un cónyuge.

Aunque no seamos perfectos, Dios ve el esfuerzo que hacemos para cambiar por medio de un corazón fiel y sincero. Mientras más se hace su voluntad, más cerca de Dios estamos. Esa experiencia se llama conversión, y la conozco porque experimenté mi propia versión.

UNA HISTORIA PERSONAL

En la introducción del libro les conté sobre un gran cambio que experimenté mientras hacía investigación para estas páginas. Pensaba que no estaba lejos de Dios, pero desde que escribí mi libro anterior comenzó un proceso más profundo de la búsqueda de la comunión con él. Nadie me evangelizó, solo indagaba sobre las preguntas: ¿a cuál Dios le hablo?, ¿cuál es el verdadero camino? Esto me llevó una vez más a tocar varias puertas que conducían a distintos caminos y preguntarme: «¿Quién es tu dios?». Esta vez, motivada por esta pregunta, además de visitar otras filosofías hice algo diferente; aunque en principio estuve renuente a hacerlo, me propuse investigar sobre mi propia fe. Estaba determinada en encontrar la verdadera fuente, así fue cómo busqué las primeras iglesias descendientes de esos primeros devotos que se llamaron cristianos, lo que según Hechos 11 ocurrió en Antioquía. Pensaba que tendría que ir a Damasco cuando me encontré con una gran sorpresa. Había una iglesia Bizantina, heredera de la tradición antiquísima de Antioquía, muy cerca de donde vivo en Miami, la misma donde me sentaba a orar algunas veces, sin percatarme de su procedencia. Estaba justo frente a mí.

Al principio me acerqué a Dios por el intelecto, porque aunque pensaba que tenía una relación con Dios, y bastante evidencia teológica de Jesús, sentía la confusión provocada por años de estudiar varias filosofías. Teológicamente muchas de ellas fueron desplomándose una por una, pero todavía me faltaba ese amor y esa certeza que algunos devotos dicen sentir por Jesús. Un día, en medio de la escritura de este libro, pausé y desde la ventana de mi edificio, que casualmente mira hacia esa iglesia, osé decir a Jesús: «Si tú de verdad eres Dios, entonces muéstramelo sin lugar a duda, revélame tu identidad porque no puedo entenderlo». No fue tanto un reto como una frustración.

Dos semanas más tarde me propuse hacer mi primera confesión. Me había apartado de la iglesia desde la adolescencia. Me decía a mí misma que lo hacía por pura investigación, estaba trabajando en el capítulo de la promesa de la integridad. Entendía que la confesión era como una especie de exorcismo que cortaba ataduras con todas esas acciones equivocadas del pasado. *Dios sabe que no me vendría nada mal quitarme de encima algunos demonios*, pensé.

Mi primer sentimiento al comienzo del rito fue una gran tristeza por haberle faltado al respeto a mi abuela a mis quince años. Lo más impresionante ocurrió unos segundos después. Mirando los ojos de Jesús en un ícono sagrado de la iglesia, como parte del rito griego de la confesión católica bizantina,[12] sentí como si me hubieran flechado, experimenté un extraño vuelco en mi corazón y, sorpresivamente, en un segundo algo cambió dentro de mí, y percibí cada error de mi vida en un instante. Me sentí desnuda, arrepentida y avergonzada. No hablé y nadie me habló, pero en un segundo comprendí todo, se desvanecieron mis dudas, y sentí su gran amor y una reverencia inexplicable hacia Jesús que hizo que bajara la cabeza; en un segundo regresé a la certeza más contundente de que Jesús era la verdad que tanto buscaba. En medio de la alegría de encontrarlo, sentí una gran nostalgia por antes haberlo olvidado.

La sensación extraña en el corazón me duró una semana, igual la sensibilidad, no podía contener mis lágrimas de alegría, era como reencontrarme con alguien muy querido, como haber arreglado algo que estaba roto; posiblemente el significado de esta experiencia es que por medio de Jesús regresé a mi comunión con Dios. Hoy, continúo estudiando la fe, aunque no para convencerme, porque ya no tengo duda, pero sí para aprender cómo explicar a los demás con palabras lo que ya he encontrado con íntima certeza en lo más hondo de mi corazón. Con esta experiencia comprendí lo que escribía San Agustín de Hipona, que «para entender, primero es necesario creer»,[13] y creer tampoco es sentir o entender. Al final es muy difícil llegar a Dios solo por el intelecto, porque se llega por la fe aunque no se vea el final del camino.

Lo más impresionante y difícil de explicar es cómo en un segundo se puede cambiar la manera de pensar, sin considerar alguna intervención divina. Una sola explicación es posible: *metanóia*.

EL CORAZÓN LO SABE

En la tradición de los antiguos padres de la iglesia se dice que el corazón es la puerta de Dios a través de Jesús; no sabía que esto era así literalmente, pensaba que el corazón era un simbolismo, pero más que eso, es una puerta real.

La experiencia me duró muy poco, regresé a la normalidad, aunque debo admitir que ya no era la misma. Tampoco me santifiqué, porque tengo los mismos problemas y las mismas tendencias hacia el error. Al contrario, la responsabilidad de poder ver abrió muchas cajas de Pandora que estaban cerradas. Encuentro que es común, luego de llamar a Dios, comenzar a ver lo que negabas. Cuando al fin puedes ver, ya no es posible quedarte en la situación sin experimentar un cambio de dirección. El periodo de regreso a Dios no es tanto de prueba como de despertar; a veces la luz en unos ojos que han estado acostumbrados a la oscuridad de pronto duele, pero más se pierde manteniéndonos a oscuras que sometiéndonos a un repentino pero amoroso despertar.

Al principio, este camino puede ser incómodo, por eso son necesarias las promesas que aquí presento. Si escoges bien, aunque al principio el camino se presente angosto y lleno de obstáculos, tienes la paz de saber que es el camino correcto, ¿de qué nos vale un camino ancho si va hacia el lado contrario?

Luego de la confesión desaparecieron apegos que años de meditaciones no habían podido vencer. El único problema de la comunión con Dios es que, como una batería, no es eterna. Veo que necesito seguir alimentándola con oración y comunión. Esa fuerza no es innata. Es un regalo de amor que necesita reabastecerse con oración, entrega y perdón.

Hoy puedo ver que la llama del amor de Dios puede encenderse en un instante, en un segundo, en un momento, pero luego toma toda una vida cuidar de ella y evitar el viento, para mantener encendida la chispa divina de la devoción. Sin la iluminación diaria de Dios, somos como hermosos faroles sin la llama interior y sin la capacidad de alumbrar.

Herramientas para mantener nuestras promesas

Por mejores intenciones que tengamos, vivimos en un mundo donde existen todo tipo de invitaciones a caminar en contra de nuestro propio bien, y solo nuestro Dios es el manto que nos protegerá. Muchas personas pensarán que la voluntad de Dios limita demasiado, pero es todo lo contrario; la verdadera libertad realmente reside en tener unos límites muy firmes y caminar con él, de otro modo, corremos el riesgo de ser manipulados por cada uno de los miedos y deseos que llegan del exterior, y eso no es libertad.

Prefiero ser siervo de Dios que esclavo del mundo.

ALGUNOS IMPEDIMENTOS DE LA COMUNIÓN CON DIOS

El ser humano necesita de la comunión con su Dios. De estos impedimentos que presento a continuación se derivan muchos más, pero es un buen comienzo para observarnos nosotros mismos. Cuidado con:

La falsa autosuficiencia. «Por sí solo o auto», es otra manera de decir: «Sin Dios», o: «No necesitamos salvador». Actitud que nos costó el paraíso y la paz verdadera todos los días. «Auto» nace de la palabra griega *autos*, que significa: por sí solo, como la autoayuda, el autoconocimiento, la autosuficiencia y la autorrealización. Puede que algunos estén tentados a decir: «Soy feliz así...», entonces imagina cuánto más feliz pudieras estar si caminaras con él.

La fusión de creencias. Las dudas creadas por filosofías contrarias y encontradas son otra manera de alejarnos y confundirnos. Creo en el diálogo religioso, pero antes de aventurarnos a investigar sobre otras filosofías necesitamos aclarar la propia, de otra manera crecerá la confusión. Este punto fue el que personalmente más me alejó de Jesús. Tolerancia no es relatividad ni fusionarnos en una amalgama de opiniones y creencias. Es respetar el pensamiento ajeno, sin comprometer el propio. Fusión es confusión.

> La fe es como una flor, toma mucho tiempo para que una planta florezca, pero solo un segundo para que el fuego de la duda marchite sus delicados pétalos.

La distracción. Otra de las maneras de alejarnos de Dios es estar muy ocupados, incluso trabajando para él o en tu propia iglesia. Muchas veces la motivación que se esconde tras la verdadera, lamentablemente, no es agradar a Dios, sino la aprobación de los demás o la seguridad. Cuando el jefe, ser voluntario, un nuevo amor, el mantener un trabajo, un proyecto o incluso la familia se vuelve más importante que mantener la integridad, que tus momentos de silencio y oración a Dios, es una distracción. No es abandonar nuestra vida; al contrario, para que todo lo anterior esté en armonía, primero necesitamos ir a él.

La apatía. Esta es otra palabra para describir la pereza, el desgano por la vida. Es cuando somos indiferentes y nada nos importa. A veces comienza poco a poco, un «hoy no tengo ganas de nada».

La apatía es peor que la ceguera; la ceguera es no ver, pero la apatía es ver y no estar dispuesto a hacer. Es cuando el placer del confort se vuelve más importante que hacer lo necesario, como realizar un cambio, ayudar a otro, visitar la iglesia, orar, leer la Biblia o buscar ayuda. Se vence con la acción, en ocasiones en contra de la comodidad. Encuentro que con un solo paso de valentía junto a una oración se puede vencer la indiferencia, porque detrás de la apatía usualmente se esconde la falta del amor de Dios junto al miedo a fracasar, con el falso pensamiento de creer que no hacemos diferencia.

El mal. La trampa más grande es pensar que no existe el mal. Si un enemigo pudiera esconderse de nosotros, hacerse invisible y convencerte de que no existe sería su mayor arma. La otra manera sería hacerse nuestro amigo brindándonos poderes, como lo hizo en el Edén. Antes de la caída de los humanos, aconteció la caída de los ángeles, que fueron creados antes que nosotros. El ángel caído y su ejército intervinieron en la comunión de los humanos con Dios desde el principio de la creación, luego trataron nuevamente de romper la comunión de Jesús con el Padre en el desierto, y continúan hasta los tiempos presentes; si hay duda de que esto es así, miremos a nuestro alrededor. No soy partidaria de responsabilizar al «diablo» por todo ni lo menciono todo el día, pero estoy alerta. Igualmente podemos ser responsables de los errores nosotros mismos, con nuestro errado libre albedrío y nuestros problemas mentales, psicológicos o químicos. Debemos cuidarnos de abrir las puertas de nuestros sentidos espirituales para comunicarnos con supuestos ángeles o abrirnos «para recibir guías», aunque parezcan buenas; por experiencia propia he aprendido que es mejor evitarlas. La armadura contra todo mal es no perder nuestra comunión con Dios, la que precisamente evita que nada nos haga daño. Diablo viene de la palabra *diábolos*, que en griego significa «división». A veces es muy sutil, entra por la falsa humildad, el reconocimiento, la codicia, la ambición desmedida, la pasión o el orgullo. Necesitamos estar alerta.

El apego. Es un fanatismo hacia cualquier área en la que tengamos un deseo desmedido de poseer, aunque sean cosas aparentemente buenas, como el éxito en el trabajo, en el amor, en el dinero y hasta en la religiosidad. El deseo desmedido busca llenar un vacío imposible, invalida y busca sustituir la voluntad de Dios.

El miedo y la culpa. No es lo mismo el temor de Dios —que se interpreta como respeto a Dios— que el temor a Dios, que nace del miedo, por una falsa creencia en un Dios castigador. Este miedo, acompañado de la culpa, evita nuestro regreso a Dios.

MANERAS DE MANTENER NUESTRA COMUNIÓN CON DIOS

Existen dos sentimientos contrarios en el camino de la comunión con Dios; sabrás cuándo te alejas de tus promesas por la angustia, la ansiedad, la falta de paz, la desesperación, el odio, la falta de perdón, mejor conocida como desconsuelo. Esto no quiere decir que has perdido a Dios, pero sí que has permitido alguna invasión de miedo o duda, la cual al regresar a Dios, de seguro vencerás. A veces no se siente la paz del regreso instantáneamente, pero puedes descansar en que los malos momentos pasarán. Sabrás que regresas a estar en consuelo, que es estar en la comunión por la paz, la fe, la esperanza y el amor. A continuación veremos algunas prácticas para la transformación y la sanación espiritual:

Escuchar la voluntad de Dios. ¿Por qué será Dios tan silencioso? Me pregunto si no es tanto que Dios sea silencioso como que nosotros seamos tan ruidosos o tan sordos. El ruido del apego, de lo que deseamos con todas las fuerzas, puede silenciar la voz de Dios, al menos momentáneamente. La primera parte de la comunión es estar dispuesto a buscar su voluntad. Es buscar el silencio al hacer el sacrificio de entregar eso que tanto deseamos (el ruido) a cambio del silencio (la paz) que precede el elegir y querer solo lo que Dios sabe que necesitamos.

Orar a Dios. Existe una diferencia entre meditar y orar: la meditación calma la conversación mental, pero la oración es una conversación con Dios, que da paz a tu alma. La oración puede durar un minuto o puede ser un perpetuo murmullo agradeciendo a Dios. Existen muchas maneras de orar, pero aquí me refiero a tener una conversación como lo harías con un padre.

Pedir con humildad, pero actuar con tenacidad; Jesús mostró que si tuviéramos la fe del tamaño de un grano de mostaza moveríamos montañas.[1] No hablo solo de pedir. La oración se ha convertido en un decreto condicionado a lo recibido, y no hay duda, nuestras palabras y pensamientos tienen la habilidad de destruir y también de crear; sin embargo, lo que sucede es que la mayoría no sabemos discernir la diferencia de lo que nos conviene. También debemos saber cómo no orar. Cuando decimos «pide lo que quieras», «puedes tener lo que quieras», «declaro esto» o «decreto aquello», estamos dando instrucciones a Dios en vez de pedirlas para ser guiados, son palabras fuertes que vienen con sus condiciones y que dicen silenciosamente: «Creo en ti si me das lo que quiero». En nuestra arrogancia de creer que todo lo podemos, nos olvidamos de que nada se mueve sin su mano. Si recordamos, Jesús invocaba primero la voluntad de Dios. Puedes invocar y pedir en el nombre de Dios, pero siempre, al final, con la cláusula de que primero se haga la voluntad del Padre. Igualmente puedes pedir en el nombre de Jesús.

«Todo lo que ustedes pidan en mi nombre, yo lo haré».[2]

En tu nombre Jesús y en tu voluntad pido el amor, la paz, la salud, la abundancia y más que todo la fe.

Recuerda que la manera más alta de pedir es para tu bien y el de todos los demás (incluyendo tu enemigo). «Declarar» significa afirmar un pensamiento. Pero he encontrado que la forma más alta de pedir un bien a Dios no es afirmando o declarando, sino permitiendo a Dios, porque él en su sabiduría conoce lo mejor para ti, aunque ni tú mismo puedas verlo.

> **Pedir correctamente no es exigir. Es pedir a Dios que aclare tu pensamiento para que sea congruente con lo que Dios quiere para ti.**

Es preferible obviar lo específico y pedir que no sean tus deseos los que se hagan realidad, sino la voluntad divina, lo que sea para tu mayor bien y que igualmente beneficie el plan personal de todos los demás.

> Mi Dios, muéstrame la verdad de cada situación que se presenta y permite que esté en paz con tu respuesta.

A veces la mejor oración es la que Dios no responde. Cuántas veces he mirado atrás y me he dicho: «Gracias, mi Dios, por no haberme complacido en ese deseo, el cual de haberse dado, muy bien hubiera sido catastrófico». Me ha sucedido con trabajos, parejas y multitud de proyectos y deseos. Otras veces no tuve tanta suerte y mi libre albedrío fue tras el deseo de todas formas y sin contar con Dios, con sus desagradables consecuencias. No siempre podemos elegir el resultado de la oración. A veces el milagro es que no ocurra el milagro; pero siempre podemos elegir la paz al aceptar la voluntad más alta de Dios para nosotros. Jesús fue humilde con sus pedidos.

«Padre, [...] que no se haga mi voluntad, sino la tuya».[3]

Orar en familia. Una vez que tengamos el hábito de orar, debemos aprender a invitar a nuestra familia a hacer lo mismo. El problema más grande de las familias es que no oran juntas. Otro lazo roto en la familia son nuestros hijos. Como padres, mientras nuestros niños están bajo nuestro techo todavía tenemos el poder de escoger dónde se desarrollan y con quiénes pueden compartir. La herencia más importante para nuestros niños es la fe y el bautismo.

Nuestros niños nacen y muchos, desde el vientre, ya son colocados en la misma carrera de sus padres para lograr grandes metas. Nos preocupamos porque vayan al mejor colegio, que tengan las mejores calificaciones, las mejores clases de *ballet* y piano, que tengan amigos en la sociedad. Queremos que sean los mejores en los deportes, que tengan el mejor auto, la mejor casa, pero ¿cuál es el regalo más importante? Buscamos darles una estructura en la vida, pero se nos olvida la estructura más importante, la estructura religiosa. Y digo religiosa para no confundirla con la espiritual, de acuerdo con la definición popular de creer en todo de una manera ambigua.

Cometí el error de no dar esta estructura a mi hija desde el comienzo; mi espiritualidad era muy general: el universo, las meditaciones, una conciencia, una energía. Al final mi hija se quedó confundida y sin una estructura sólida (ya lo voy remediando), porque yo misma no la tenía. Llegué al extremo de no bautizarla y negar a Jesús en la confusión de otras religiones y filosofías, pero gracias a Dios hemos regresado y mi paz interior es incalculable.

PROMETO LLEVAR DE LA MANO A MIS HIJOS

¿Cómo acercar a nuestros niños a Dios? Les comparto estas lecciones de mi propia experiencia.

La mayoría de estos pasos se aplican a toda la familia. La mujer especialmente tiene la gran encomienda de mantener su hogar cerca de Dios, porque primero necesitan regresar los padres, luego los niños aprenden por imitación. Si te has alejado de la iglesia, de tu bautismo, de tu fe, te invito a comenzar el regreso por medio de la oración.

Recomiendo comenzar temprano a moldear en tus hijos el amor a Dios; la adolescencia es el peor momento para mostrárselos, porque los muchachos todo lo retan (aunque nunca es tarde). Invertimos en comprar cuentos de hadas, princesas, héroes, músicos, hasta algunos criminales en videojuegos, pero se nos olvida leerles estas bellas historias de la Biblia. ¡Qué héroe más grande que el mismo Jesús, que Moisés o Noé! Cuéntales por qué estamos aquí, la creación, el cielo, la salvación. Los héroes de la Biblia tenían algo en común, incluso María: su poder consistía en que todos hacían la voluntad de Dios. ¿Qué héroe común de esos que nos presentan los medios hace la voluntad de Dios?

Ve a la iglesia con tu familia y tus niños, desde pequeños; que esto sea una rutina. Queremos complacer a nuestros niños para que no se incomoden, pero es un gran error no llevarlos. Pensamos llevarlos a un colegio religioso, pero, sin tus lecciones y acciones, el colegio no será suficiente. Si los padres están en desacuerdo (si uno cree y otro no), o si están ajenos a la fe, pero lo permiten, una sola persona que les muestre la conexión a Dios es suficiente; por ejemplo, una abuela o una tía conectada a Dios puede ser el enlace de tus hijos al cielo.

Cuando estás en un gran reto en la vida, como una muerte o una enfermedad, muy poco pueden lograr una creencia general y un dios abstracto. Nunca es tarde, pero es de esas cosas en la vida que cambiaría totalmente si pudiera volver atrás en el tiempo.

Muchas personas dicen que no quieren imponerles a sus hijos en qué creer, que lo busquen ellos, que es muy personal. ¡Qué gran error! Si no lo hacemos nosotros, alguien se encargará de mostrarles su propia religión, ya sea un culto, el dinero, la fama, el mundo, o quizás le mostrarán otros héroes equivocados.

Que su héroe sea Dios y luego, aunque se pierda de su meta, podrá regresar porque tiene el camino de regreso trazado, tal como lo hice yo.

Oren juntos a la hora de comer y siempre. Muestra la oración del Padre Nuestro. Hazla antes de dormir y a la hora de despertar, y los protegerá por siempre. Muestra reverencia hacia Dios siempre. Que Dios sea el centro de tu familia. Participa en todas las festividades, sacramentos y celebraciones de la iglesia y hagan caridad juntos.

Haz todo por tus hijos antes que del mundo (o de la universidad) surja un antihéroe, con sus clases de filosofía y ciencia, para tratar de derribar su fe en Dios y en la iglesia. Tendrás que advertirle cuando pequeño que vendrán muchos a decirle que no es verdad, pero realmente es parte de la misma guerra entre el bien y el mal.

El día de mañana, la herencia más importante es tener a un Dios verdadero a quien entregar el dolor de una pérdida, especialmente cuando ya no estés para consolarlo; es el legado más importante que puedes dejar a tus hijos: las llaves del cielo por medio de su salvación.

Leer la Biblia, escuchar a Dios. Hasta hace poco no era capaz siquiera de abrir la Biblia, mucho menos encontrar un Evangelio. Resentía toda persona que supiera repetir los versículos de memoria. Muchas veces sentía que eran utilizados para juzgar en vez de consolar. Mi mejor excusa era que no la comprendía, y era también la que me alejaba. El mejor comienzo para alguien que nunca ha tenido la experiencia de leer la Biblia es una clase o un taller como el Taller de Oración y Vida.[4] Cuidado con la fuente, muchas personas piensan que pueden interpretar la Biblia a su manera; te llegarán mensajes al leerla, pero al principio recomiendo un buen guía, que puede ser un catequista, un sacerdote o un ministro, que es un siervo, pero también es un teólogo con numerosos años de experiencia y estudio. La Biblia no es solo lectura, es tradición y contexto. Me he ahorrado muchos años de confusión aprendiendo en cursos de calidad universitaria, que usualmente se ofrecen en la propia iglesia sin costo alguno, impartidos por el propio párroco o pastor.

Cuidado con el fanatismo, con teorías de conspiración de la Internet o novelas de ficción, no son el mejor lugar para buscar información. La teología correcta no te llevará a atacar a otros, sino a aclarar tu fe y buscar a Dios por el corazón de Jesús, no por miedo, culpa o juicio, pero tampoco por liberalismo. Existen fuentes ajenas a los Evangelios que dicen llamarse cristianas y se autodenominan como un nuevo evangelio o una nueva interpretación de la Biblia. He leído varias y aunque muy sutilmente, son totalmente incompatibles con la verdadera, algunas hasta son canalizadas por espíritus, que dicen ser Jesús; recomiendo ir solo a la fuente verdadera.

Orar en comunidad. Caminar juntos, con Dios, incluye a toda la humanidad, los seres de la tierra y los que ya están en el cielo. La palabra *iglesia* nace del griego *ekklesía*, los llamados a congregarse, pero la verdadera comunión con Dios no sucede en un edificio. La más grande ocurre de manera invisible.

Es importante encontrar una comunidad donde apoyarnos, y a veces no es fácil encontrarla; algunos círculos pueden incluso ser cerrados, pero Dios te mostrará el camino, y con servicio, apertura e insistencia lograrás sentirte parte de un grupo que te ayudará a crecer. Mi primer encuentro con la iglesia fue sentarme sola y orar unos minutos, y lo hice por mucho tiempo antes de ir a una misa. Hazlo a tu tiempo y tu momento. Es muy importante que mientras buscas de Dios, tengas un apoyo cercano que esté en el mismo camino, porque cuando uno cae, los otros le levantan. En esta tierra muchos caminamos enfermos, y el remedio no es irnos a una cuarentena ni vivir en claustro, porque en Dios encontramos el repelente y la sanación diaria para seguir purificándonos por medio de la oración, el perdón y el amor. Recuerda que Dios es el médico y no el juez. Su casa es un hospital y no una corte.

«Donde dos o tres se reúnen en mi nombre, allí estoy yo en medio de ellos».[5]

No busques perfección; si vas a la sala de emergencia de un hospital encontrarás enfermos, pero también desarrollarás la inmunidad, la compasión y tomarás medicina junto con ellos. No existe una sola institución (educativa, gubernamental o religiosa) libre de error; mantente alerta, porque el problema no es la iglesia, sino la sociedad, y la iglesia es un reflejo de lo que ocurre afuera. Tengo que admitir que antes no creía en la iglesia, quería caminar sola; algunas iglesias, más que acercarte a Dios, pueden alejarte con sus legalismos y prejuicios. En vez de sanar, muchos usan la Biblia como un arma para enjuiciarnos; en vez de acercarnos, nos alejan. Lo sé, pero no te des por vencido. Por otro lado, si vamos a la iglesia y somos fervientes allí, pero no miramos al prójimo, no cuidamos del ambiente, o si nuestros negocios no están íntegros y dirigidos a un bien mayor, no estamos caminando en comunión con Dios.

El denominador común de lo necesario para comunicarse con Dios es la voluntad de tener apertura, eligiendo por medio de tu propio libre albedrío el regreso. Esto tiene más fuerza cuando se hace en comunidad. Un corazón que elige seguir cerrado a la guía divina es lo único que puede intervenir con estas promesas. Lo he visto en personas extremadamente devotas, en el sentido de ayudar en la iglesia y asistir todos los fines de semana, y es que aunque se crea religioso y esté viviendo y siguiendo la mayoría de los rituales, si no está dispuesto a actuar de acuerdo con la voluntad de Dios, no tendrá ese amor en su corazón y no estará caminando en el camino de Dios, sino en su propio camino confundido de soledad. Por el contrario, un corazón que elige estar abierto a su mensaje, que se entrega, logrará salir hacia adelante en el camino espiritual por medio de la misma mano de Dios.

Practicar el autoexamen. Hacer un examen de conciencia diario es la mejor manera de mantener nuestro lazo con Dios; existen varias guías en la iglesia basadas en los mandamientos y las acciones que nos llevan a caer, y son guías que no están hechas para torturarnos o juzgarnos, sino para ahorrarnos sufrimiento.

La confesión es excelente, como lo es comulgar, practicar el perdón y hacer ayunos[6] en las fechas especiales. Todos son una gran ayuda para la comunión con Dios. A veces hacer un autoexamen es tan simple como tratar de quedarte en silencio para explorar tu día con el pensamiento y hacer cambios a lo que encuentres necesario; asimismo, se puede agradecer todo lo sucedido, de acuerdo con tus acciones en varias áreas de tu vida. ¿Cómo está tu propósito? ¿Tu servicio? ¿Cómo has tratado a tus familiares, a tu cónyuge? ¿Has cuidado tu salud? ¿Cómo te sientes?

Ayudar a otros. Lo que hagamos por el más humilde, igualmente lo hacemos por Jesús;[7] amar a los demás es el acto de comunión más valioso de fe. Ayudar no solo significa asistencia material, aunque también es importante; ayudar es asistencia espiritual, y a veces es tan simple como escuchar y hacer un gesto de empatía con cada lamento.

Jesús invita a vestir al que está desnudo, dar agua al que tiene sed, visitar al enfermo, dar pan al que no tiene comida y visitar al preso. A veces la prisión no es física,[8] tampoco la sed de Dios; siempre he pensado que si ayudas a que un solo ser en angustia vuelva a Dios, has devuelto la vida a una persona y con ese acto has provocado una gran fiesta en el cielo. Si ayudas a una persona es posible que ayudes a varias generaciones. Muchas personas se avergüenzan de hablar de Dios; se debe respetar el espacio de los demás y no intervenir sin invitación, pero no tengas miedo de compartir tu fe, porque es lo que hará que crezca.

Dar las gracias. La palabra *Eucaristía*, que también se conoce como el sacramento de la Comunión, viene del griego *eucharisteo*, que en el contexto de la iglesia significa: «Dar las gracias a Dios». Jesús antes de la crucifixión, a pesar de saber lo que le esperaba, se sentó con sus apóstoles, dio las gracias, partió el pan, tomó la copa y les invitó a hacer lo mismo.[9] El sacramento de la comunión es una de las formas más altas de mantener nuestra comunión con Dios, tal como lo hicieron los primeros cristianos cada primer día de la semana (domingo).[10] Es un suero de su Espíritu en nuestro ser. Dar las gracias incesantemente, por la comida, por el aire que respiramos, por la vida, por nuestros seres queridos, por su amor. Tal como me lo mostró un amigo al decirme: el sentarte y compartir el pan junto a un necesitado te une a Dios, como bien dijo Jesús: «Todo lo que hicieron por uno de estos [...] más humildes, por mí mismo lo hicieron».[11]

PROMESAS BASADAS EN EL PADRE NUESTRO

Cuando alguien me pregunta qué es lo más poderoso que puede hacer para sanarse, sin duda le respondo que comience por orar el Padre Nuestro, lo que ha sido una de las prácticas más consistentes y efectivas que he hecho desde la escritura de mi primer libro. Algunos encuentran esta respuesta muy simple y me preguntan si les puedo recomendar algo que no sea tan religioso; ellos confunden la religión con obligación y culpa. El Padre Nuestro[12] es una poderosa oración que está a tu alcance. No cuesta nada hacerla y no son necesarios complicados cursos para entenderla. Lo que sí es importante es hacerla con fe y conciencia, porque muy a menudo se desperdicia su aroma por la falta de atención a su contenido. En mi libro anterior hice una adaptación personal, pero en esta ocasión voy a extender su significado y a sugerir unas promesas para completar sus siete pedidos a Dios, según esta hermosa oración mostrada por Jesús.

El propósito de estas promesas es la reflexión y el enfoque por medio de nuestra apertura consciente hacia Dios; en la medida que sigues en el camino, tus ojos se van abriendo; estas promesas a Dios son un gran comienzo para la sanación. La primera parte es nuestro pedido a Dios y la segunda nuestra promesa:

1. *Padre nuestro que estás en el cielo.* Prometo no olvidar que eres omnipresente, pero a la vez que no dejas de ser mi propio Padre personal y familiar. Recuerdo que contigo soy parte de tu cielo, que no necesariamente es un lugar «allá arriba», sino que vives en el mundo invisible, y aunque estás en todas partes y no puedo verte, tengo la certeza de que tu Reino es tan real como mis propias manos.

2. *Santificado sea tu nombre.* Prometo recordar tu nombre a cada minuto; alabado, bendecido y glorificado eres. Caminaré en respeto, humildad y devoción; protegeré tu nombre, y jamás lo negaré ni lo utilizaré en vano.

3. *Venga a nosotros tu Reino.* Prometo no olvidar tu cielo, que es tu promesa a nosotros; caminaré en confianza en este mundo porque sé que tu promesa se cumplirá, y tu justicia y tu gloria reinarán por toda la eternidad. Prometo ayudar a otros a recordarlo.

4. *Hágase tu voluntad en la tierra, así como se hace en el cielo.* Prometo invitar y permitir tu voluntad, hoy y siempre. Mi más alto anhelo es ofrecerte mis manos, mi mente y mi voz para llevar tu mensaje por medio de mis talentos. Mi más alto propósito es hacer tu voluntad como se hace en tu cielo.

5. *Danos hoy tu pan de cada día.* Prometo confiar plenamente en tu alimento de vida para la vida eterna. Tu Palabra y tu Espíritu nutren eternamente mi ser de ti. Cada día caminaré con la certeza de que por ti recibo lo necesario. No voy a preocuparme por no tener suficiente, porque tú eres suficiente.

6. *Perdona nuestras ofensas, así como nosotros perdonamos a los que nos ofenden.* Prometo pedir tu ayuda para perdonar, porque sé que para que tú me perdones, pero primero tengo que hacer el esfuerzo de perdonar las faltas de otros. Mi caminar será un eterno perdonar.

7. *No nos dejes caer en tentación y líbranos del mal.* Prometo no exponer mis sentidos a nada que pueda dañarme o hacerme caer; prometo caminar contigo día a día con tu manto de protección. No permitas que lleguen a mí tentaciones y situaciones que me alejen de tu camino.

8. *Amén.*

Tenemos un reencuentro con Dios por medio de la acción de preguntar y luego por el regalo de su respuesta, aquella que él mismo un día, sin darte cuenta, te coloca en el corazón. Hoy puedo repetir, sin lugar a dudas, que encontré lo que buscaba, o mejor dicho, que encontré a Quien buscaba. Lo que antes nunca pude decir con certeza, hoy es el motivo de una gran paz. Ya no soy una peregrina; aunque no he llegado a la perfección, sí he llegado al único que puede darme la paz. Hoy mi más grande deseo es que estas palabras inspiren tu vida; somos como veleros en el mar, y espero que estas lecciones sean una brisa que mueva tus velas hacia el sentido del amor de Dios.

LA PROMESA DE LAS PROMESAS

El día que bauticé a mi hija ya de diecisiete años, comprendí el verdadero significado de la promesa del bautismo. Por su edad, ella misma la leyó frente a los presentes en la iglesia. No la había bautizado antes por mi renuncia de regresar a la iglesia y por mi confusión de creencias. El bautismo es uno de los sacramentos que completan el «nacer de nuevo», que es cuando el Espíritu Santo desciende totalmente sobre nosotros, nos completa y nos regresa a nuestra creación original para volver a ser hijos de Dios en imagen y también en semejanza, la cual vamos adquiriendo por su gracia. El bautismo es mucho más que un acto social o algo para la buena suerte; es una promesa para rechazar el mal (a Satanás, y todos los principados y huestes de su dominio) a cambio de revestirnos de la capa de luz del mismo cuerpo de Cristo al nacer de nuevo, de agua y Espíritu, y retomar la ciudadanía del mismo cielo.

El agua ha sido el medio conductor de vida y de muerte desde el principio de los tiempos. Entrar en el agua bendecida es entrar con Jesús en la misma agua que le cubrió en el Jordán y morir y renacer con él. En mi falta de palabras para describir la alianza que hacemos por medio del agua, imagino el agua como el conductor de una gran fuerza, simulando como el agua conduce energía eléctrica y nos une a todos con el mismo cuerpo de Jesucristo al llenarnos de su magnífica presencia por medio del Espíritu Santo que ha sido invitado a residir en nosotros. Es la liberación del pecado y de su instigador. Por ese motivo se pronuncian uno o varios exorcismos sobre el candidato. Este es ungido con el óleo, se le impone las manos y el candidato renuncia explícitamente a Satanás. Fue conmovedor escuchar a mi hija decirlo en voz alta: «Rechazo a Satanás y acepto a Jesús», antes de leer el Credo Niceno. En las liturgias orientales, se mira hacia el Oriente, mientras el sacerdote dice: «Siervo de Dios eres bautizado en el nombre del Padre, y del Hijo y del Espíritu Santo».[13]

Quiero compartirles esta poderosa oración a Dios, que, aunque no sustituye el sacramento del bautismo, sí puede hacerse como una invitación para renovar esta promesa. Mientras la escuchaba en mi iglesia, al santificar el agua para rociarla sobre los presentes el día de la celebración de la teofanía,[14] mi cuerpo se estremeció con sus bellas palabras. Aquí les comparto algunos de sus párrafos, adaptados para hacer esta oración personal y reactivar nuestro bautismo. En el proceso, imaginen las aguas del Jordán o rocíensen agua bendita. También será el final de este libro, porque pienso que después de leerla ya no quedarán más palabras que expresar, sino un nuevo comienzo de la mano del Señor.

Que la voluntad del Padre, la dirección del Hijo y la sabiduría del Espíritu Santo caminen siempre a tu lado.

ORACIÓN DE LA BENDICIÓN DEL AGUA [15]

Grande eres, Señor, y tus obras son maravillosas y no hay palabras suficientes para expresar tus maravillas (decir 3 veces).

Con tu voluntad has sacado todas las cosas de la nada a la existencia, con tu poder sostienes la creación y con tu providencia riges el mundo. Compusiste la naturaleza de cuatro elementos y coronaste el año con cuatro estaciones. Ante ti tiemblan todas las legiones de ángeles. El sol canta tus alabanzas, la luna te glorifica, las estrellas interceden contigo. A tu paso se derrumban los abismos, has rodeado las aguas de arena y distribuyes el aire para que respiremos. Toda la creación te entonó un himno cuando apareciste entre nosotros, porque Tú, oh Dios nuestro, estuviste en la tierra y viviste en medio de los hombres. No pudiste vernos sufrir atormentados por el mal, porque en tu misericordia Tú nos has salvado. Tú santificaste las aguas del Jordán, enviando de lo alto del cielo tu Espíritu Santo y quebraste la cabeza de los demonios que allí habitaban.

Oh Rey amante de la humanidad, ven ahora, dame la gracia de la Redención, la bendición del Jordán, perdona mis pecados, alivia mis enfermedades, tanto del cuerpo como de mi alma, santifica mi hogar, purifica mi ser, hazme digno(a) de llenarme de tu ser.

Hoy y siempre, rechazo el mal, junto a todas sus huestes y principados y recibo por la eternidad el manto de protección del Padre, del Hijo y del Espíritu Santo.

(Inclina tu cabeza)

Amén

Dijo Jesús: «No los dejaré huérfanos; vendré a ustedes [...] El mundo no me verá más, pero ustedes me verán; porque yo vivo, ustedes también vivirán. En ese día conocerán que yo estoy en mi Padre, y ustedes en mí y yo en ustedes».[16]

Guía de estudio

Muchas personas me comparten que se reúnen en sus hogares para compartir las lecciones espirituales que escribo. ¡Me parece muy buena idea! Aquí les comparto algunas sugerencias para dicho fin. Las lecciones de *Las 12 promesas del alma,* aunque no son un curso formal, tienen bastante tema para invitarnos a una bonita reflexión espiritual y hasta llevarnos a buscar más a fondo respuestas a nuestras preguntas por medio de sus propias notas y versículos de la Biblia, igualmente siempre invito a llevar a su ministro o sacerdote inquietudes que quizás nazcan de dichas las lecturas.

Muchos estamos muy solos, y la Internet no llena nuestras necesidades de relacionarnos. Tomen esta oportunidad para quizás ir de casa en casa, compartan un chocolate caliente, un te y algo de repostería que nos endulce un poco la vida. Es lindo compartir.

SUGERENCIAS:

1. Un tiempo predeterminado semanal, quincenal o mensual es muy bueno para mantenernos en la oración y en la pregunta. Una hora es suficiente.

2. Les recomiendo comenzar por medio de hacer un Padre Nuestro y luego al Espíritu Santo, para invocar su presencia y discernimiento.

3. Pueden hacer un ejercicio de respiración para librarse del ajetreo del día, simplemente cerrar los ojos y respirar profundamente diez veces es suficiente.

4. Leer una página del libro *Las 12 promesas del alma* por reunión es buena idea, dependiendo de cuánto tenga la lección, o a veces una página o una y media es suficiente. Escojan a alguien del grupo para leerlo.

5. Escojan unos párrafos de la Biblia, para leerlos después. Les recomiendo ir a las notas del libro de cada Promesa, porque allí verán algunas lecturas de las cuales me he inspirado para ellas.

Tomen las preguntas a continuación y reflexionen sobre ellas. Luego compartan. Aquí no recomiendo un tono de enseñanza, sino de compartir sobre sus experiencias. Nadie debe dar consejo a otro; esto es para que cada cual exprese su experiencia sin juicio de los demás. Para que no se alargue la reunión, necesitan colocar límite por persona al compartir. Un líder en el grupo es preferible, pero para ayudar a moderar con amor, pueden rotarlo por reunión. Las personas deben participar si gustan, pero igualmente pueden solo escuchar.

ALGUNAS PREGUNTAS:

• ¿Recuerdas cómo esta lección de la Promesa ha sido un reto en tu vida?

• ¿Qué lección has aprendido de la lectura de la Biblia?

• ¿Recuerdas cómo te ha ayudado a tener paz en tu vida?

• ¿Recuerdas cómo te ha acercado más a Dios?

• ¿Quieres hacer un compromiso contigo para aplicar esta Promesa esta semana?

• La semana siguiente pueden compartir lo aprendido y comenzar de nuevo.

Preguntas al autor: No hay garantía de respuestas inmediatas, pero pueden escribir por mi Facebook al buzón y usualmente respondo, dependiendo de mis compromisos.

Notas

INTRODUCCIÓN

1. Mateo 6.9–13.
2. Iglesia greco-católica melquita que tuvo su origen en Antioquía y es considerada descendiente de la iglesia más antigua donde por primera vez se llamaron cristianos (Hechos 11). Esta denominación en particular está en comunión con el Papa y la Iglesia Católica Romana desde el 1724, pero mantiene su tradición de manera autónoma.
3. C. S. Lewis, *Mero cristianismo* (Madrid: Rialp, 2014), p. 148.

CAPÍTULO 1. PROMETO RECONOCER MI VERDADERO SER

1. William Shakespeare, *Hamlet*, acto III, escena I; en William Shakespeare *Tragedias*, trad. M. J. Barroso Bonzón (Madrid: Ediciones Ibéricas, 1970), p. 180.
2. Cantares 2.14 (RVR1960).
3. Génesis 1.26 (RVR1960).
4. Génesis 1.31 (RVR1960).
5. Génesis 2.7.
6. Génesis 2.
7. Abouna Gabriel, en St. Jude Melkite Catholic Church.
8. Mateo 6.33.
9. Proverbios 23.7 (NBLH, paráfrasis).
10. Proverbio tradicional.
11. Salmos 139.23–24.
12. Colosenses 1.15.

CAPÍTULO 2. PROMETO RECORDAR QUE EN ESTE MUNDO TODO ES TEMPORAL

1. 2 Corintios 4.18.
2. Versión de Sharon M. Koenig de un cuento tradicional.
3. Génesis 1.31, paráfrasis.

4. San Agustín de Hipona, *Confesiones*, trad. Ángel Custodio Vega Rodríguez, libro XI, capítulo XIV, «¿Qué es el tiempo?», http://www.augustinus.it/spagnolo/confessioni/conf_11_libro.htm.
5. Lucas 23.42 (RVR1960).
6. Eclesiastés 3.1–15.
7. Cuento tradicional.
8. Juan 16.33.
9. Juan 15.5.

CAPÍTULO 3. PROMETO ACEPTAR LO QUE NO PUEDO CAMBIAR

1. *Diccionario de la lengua española*, 23ª edición, s.v. «aceptar», http://lema.rae.es/drae/?val=aceptar.
2. «La oración de la serenidad», atribuida a Reinhold Niebuhr (1892–1971).
3. Lección de Padre Damon Geiger, en St. Jude Melkite Catholic Church.
4. Santiago González López, «El curioso origen de la palabra "fracasar"», 27 noviembre 2014, http://20000lenguas.com/2014/11/27/el-curioso-origen-de-la-palabra-fracasar.
5. Para más trasfondo acerca de la cita, ver Mother Teresa of Calcutta Center, «What you should know», 19 julio 2010, http://www.motherteresa.org/08_info/Quotesf.html.
6. Inspirado en homilía de Padre Alfonso, en St. Jude Melkite Catholic Church, el día de San Judas, 2015.
7. Eclesiastés 12.7.

CAPÍTULO 4. PROMETO NUNCA OLVIDAR A QUIEN ME ENVIÓ

1. Sharon M. Koenig, *Los ciclos del alma: El proceso de conexión* (Barcelona: Obelisco, 2011).
2. Inspirado en la homilía de Padre Alfredo Rolón en St. Jude Melkite Catholic Church, basada en una escena de *Alicia en el país de las maravillas* (dirigida por Toshiyuki Hiruma Takashi, DVD [Gaiam Entertainment, 2006]).
3. Génesis 1.2.
4. Génesis 1.1.
5. Salmos 90.1–2.
6. Salmos 139.7–8.
7. Salmos 139.1–3.
8. Génesis 17.1.
9. Deuteronomio 32.4.
10. Deuteronomio 7.9.
11. 1 Juan 4.8.
12. Colosenses 1.15.

13. Todo este párrafo de Jesús es inspirado en el Credo Niceno. Ver Catecismo de la Iglesia Católica, sección Credo de Nicea-Constantinopla, http://www.vatican.va/archive/catechism_sp/p1s1c3a2_sp.html.
14. Juan 1.2–5.
15. Juan 10.30.
16. Catecismo de la Iglesia Católca, «Creo en el Espíritu Santo», párrafo 689, http://www.vatican.va/archive/catechism_sp/p1s2c3a8_sp.html.
17. H. H. Dalai Lama y Victor Chan, *The Wisdom of Compassion* (Nueva York: Riverhead, 2014), p. 104–105.
18. Cantares 2.14.
19. C. S. Lewis, *Sorprendido por la alegría* (Santiago de Chile: Andrés Bello, 1994), p. 2.

CAPÍTULO 5. PROMETO ENTREGAR MI VOLUNTAD A DIOS

1. Sharon M. Koenig, *Los ciclos del alma: El proceso de conexión* (Barcelona: Obelisco, 2011), p. 186.
2. Génesis 1.31 (RVR1960).
3. Génesis 3.
4. Génesis 2.15–17.
5. Juan 8.32.
6. Marcos 8.6.
7. Mateo 6.10.
8. Mateo 6.9–13.
9. Kallistos Ware, *The Orthodox Way* (Nueva York: St. Vladimir's Seminary Press, 1995), pp. 46–47.
10. Lucas 2.14 (NBLH).
11. Lucas 1.38.
12. Cántico a Theotokos de La Divina Liturgia de San Crisostomo, Theotokos, http://www.cjoc.ca/pdf/Vol7_1_1_DL.pdf.
13. Sharon M. Koenig, *Los ciclos del alma. El proceso de conexión* (Barcelona: Obelisco, 2011).

CAPÍTULO 6. PROMETO NO PERDER LA FE Y CONFIAR EN ÉL

1. Hebreos 11.1.
2. Salmos 43.5.
3. Ignacio Larrañaga, palabras de su ejercicio de *silenciamiento* del Taller de Oración y vida, http://www.tovpil.org/index.php?lang=es. También ver Ignacio Larrañaga, *El arte de ser feliz* (Lima: Paulinas, 2009), pp. 96–97.
4. El papa Benedicto XVI atribuyó este dicho a San Ignacio en «Ángelus», 17 junio 2012, http://w2.vatican.va/content/benedict-xvi/es/angelus/2012/documents/hf_ben-xvi_ang_20120617.html. Ver también Pedro de Ribadeneira, *Vida de Ignacio de Loyola* (Carolina del Sur: Nabu Press, 2012).

CAPÍTULO 7. PROMETO PERDONAR PARA SANAR

1. Mateo 5.7 (NBLH).
2. Mateo 6.12.
3. Mateo 18.22.
4. Ignacio Larrañaga, *Encuentro, Manual de oración de los Talleres de Oración y Vida* (Impresora Payano), p. 145, www.tovpil.org.
5. Lucas 23.34.
6. San Juan Crisóstomo, Homilía XIX, sobre Mateo 6.1, http://www.clerus.org/bibliaclerusonline/es/eth.htm#y.

CAPÍTULO 8. PROMETO VIVIR BAJO SU PRESENCIA Y SU GRACIA

1. Cita atribuida a William Arthur Ward.
2. Elisabeth Elliot, *Dejadme ser mujer*, capítulo 27 (Barcelona: Clie, 1988).
3. Juan 11.
4. Mateo 14.13–21.
5. Ann Morrow Lindbergh, *Gift from the Sea* (Nueva York: Pantheon, 2005), p. 11 [Ann Morrow Lindbergh, *Regalo del mar* (Barcelona: Circe, 1995)].

CAPÍTULO 9. PROMETO SOLTAR, A NADA ME PUEDO AFERRAR

1. Salmos 46.10.
2. Mateo 5.3–13 (NBLH).
3. Erich Fromm, *El arte de amar* (CreateSpace, 2015), p. 34.

CAPÍTULO 10. PROMETO SER SU INSTRUMENTO EN CADA LUGAR Y CADA MOMENTO

1. Frase inspirada en los ejercicios espirituales de San Ignacio de Loyola: Ejercicio de la 2a semana: Preludio para tomar una elección. Ver también San Ignacio de Loyola, *The Spiritual Excercises of St. Ignatius of Loyola*, trad. Elder Mullan (Evinity Publishing, 2009).
2. Lucas 12.7.
3. Filipenses 3.17.
4. Estas reflexiones se basan en una homilía de Padre Damon Geiger.
5. Mateo 22.14.
6. Atribuida a Juana de Arco.
7. Susan Helen Wallace, *Saint Joan of Arc* (Encounter the Saints) (Pauline Books and Media, 2011), capítulo 7, libro digital [Susan Helen Wallace, *Santa Juana de Arco* (Bogotá: Paulinas, 2012)].
8. Max Lucado, *The Applause of Heaven: Discover the Secret to a Truly Satisfying Life* (Nashville: Thomas Nelson, 1999), p. 121 [*Aplauso del cielo* (Nashville: Grupo Nelson, 1996)].

9. Ignacio Larrañaga, *Encuentro, Manual de oración de los Talleres de Oración y Vida* (Impresora Payano), p. 74, www.tovpil.org.

CAPÍTULO 11. PROMETO VIVIR EN INTEGRIDAD Y VERDAD

1. Reflexiones basadas en San Agustín de Hipona, *Confesiones*, traducidas según la edición latina de la congregación de San Mauro, por el R. P. Fr. Eugenio Ceballos, libro 1, cap. V, http://www.cervantesvirtual.com/obra-visor/confesiones--0/html/ff7b6fd2-82b1-11df-acc7-002185ce6064_4.html#I_9_.
2. Juan 14.6.
3. Kallistos Ware, *The Orthodox Way* (Nueva York: St. Vladimir's Seminary Press, 1995), p. 61.
4. Efesios 4.25.
5. 1 Juan 4.18–19.
6. Lucas 23.42–43 (RVR1960).
7. C. S. Lewis, *Mero cristianismo* (Madrid: Rialp, 2014), pp. 113–14.
8. Juan 8.11.
9. Mateo 22.36–37.
10. Paráfrasis de la autora de Mateo 22.39–40.
11. Papa Francisco, *El nombre de Dios es misericordia* (Nueva York: Random House, 2016), del prólogo «Al lector», versión digital.

CAPÍTULO 12. PROMETO REGRESAR A LA COMUNIÓN CON DIOS

1. Resumen del análisis de Khaled Anatolios del pensamiento de Atanasio, en *Athanasius* (The Early Church Fathers) (Nueva York: Routlege, 2004), p. 62.
2. Mateo 19.14.
3. Estas reflexiones se basan en una clase de Padre Damon Geiger.
4. Erich Fromm, *El arte de amar* (CreateSpace, 2015), p. 97.
5. Mateo 19.4–5.
6. Kallistos Ware, *The Orthodox Way* (Nueva York: St. Vladimir's Seminary Press, 1995), p. 14.
7. Vladimir Lossky, *Mythical Theology of the Eastern Church* (Londres: James Clarke & Co., 1991), p. 204.
8. Juan 2.
9. 2 Pedro 1.5–8.
10. Paráfrasis de la autora de 2 Pedro 1.3–4.
11. San Agustín, *Confesiones* (Uhrichsville: Casa Promesa, 2014), p. 123.
12. La Iglesia Católica tiene dos alas, la Romana y la del Oriente.
13. San Agustín de Hipona, Sermón 43, Comentario Núm 6-8, http://www.augustinus.it/spagnolo/discorsi/discorso_054_testo.htm.

HERRAMIENTAS PARA MANTENER NUESTRAS PROMESAS

1. Mateo 17.20.
2. Juan 14.13.
3. Lucas 22.42.
4. Padre Ignacio Larrañaga, Talleres de oración y vida, http://www.tovpil.org/index.php?lang=es.
5. Mateo 18.20.
6. Para hacer ayuno, consultar a su médico.
7. Mateo 25.40.
8. Mateo 25.
9. Mateo 26.26–30.
10. Hechos 20.7.
11. Mateo 25.40.
12. Mateo 6.9–13.
13. Catecismo de la Iglesia Católica, «Segunda Parte, La Celebración del Misterio Cristiano», http://www.vatican.va/archive/catechism_sp/p2s2c1a1_sp.html.
14. Epifanía, la celebración del bautismo de Jesús, el domingo después del 6 de enero.
15. Inspirada en la liturgia bizantina. En un panfleto de celebración de teofanía (el bautismo de Jesús), encontré este enlace con la oración en español: «Oficio de la gran santificación de las aguas en el día de la epifanía», http://www.iglesiaortodoxa.cl/oracionde%20epifaniz.pdf.
16. Juan 14.18 (NBLH).